U0016046

蔣經國與章亞若

周玉蔻著
劉芳枝攝影

目次

目次

●年輕時的蔣經國。

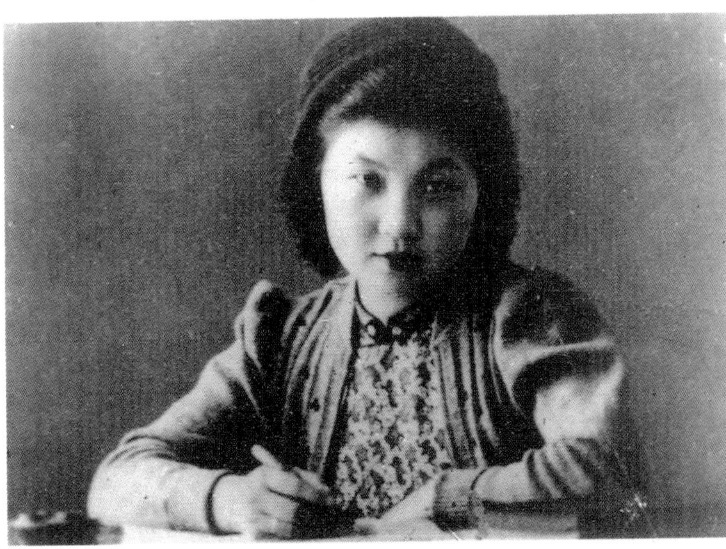

●成熟嫵媚的章亞若。

●民國三十年，蔣經國(左)由部屬與隨員陪同巡視地方，在過贛江時在木船上留影。
左四爲當時在公署任視察的蕭昌樂。(吳景騰翻攝)

●章亞若求學之地：
葆靈女子中學，現在是南昌十中。

●章家贛州舊居，蔣專員常到這兒和章亞若約會。

●赤珠嶺幹訓班舊址，章亞若在此找到一個全新的自我。

●贛州專員公署：當年蔣經國和章亞若墜入情網之地。

●蔣經國花園塘故居，章亞若偶爾前往幫忙，照顧孝文、孝章兄妹。

●章亞若在桂林抱孝嚴、孝慈雙生兒。

●章亞若在桂林(今日的麗獅路)待產期間的處所。

●就在桂林醫院的產房，孝嚴、孝慈兄弟提早三個月來到人世。

●孝嚴、孝慈住過的南昌井頭巷舊居。

●萬安街景，孝嚴、孝慈在此度過嬰兒期。

孝嚴孝慈爲母修墓

章亞若遺影

●未修葺前的章亞若墓地。

●章孝嚴、孝慈念的弘道小學，是南昌有名的教會貴族學校。

●亞若母親的骨灰存放新竹青草湖靈隱寺的靈壽塔內。

●章孝嚴書房中的雙親照片。

第一章　序言

一、智慧的抉擇

這一天終於來到了。

歷經一年多的深思熟慮和近半年的籌劃，章孝嚴、孝慈雙胞胎兄弟跨海修葺母親墓地的心願總算得以實現。

在他倆的授權與委託下，經由朋友居中安排，墓地整修工程自七十八年十一月上旬正式展開。一個月後，風景秀美的桂林市東區郊外的鳳凰嶺山腰處，那座磚石剝落，雜草叢生無碑的孤墳，煥然一新成為一座寬敞明亮的墓園。墳前碑文字跡明晰，今後，再也不會有不知情的過路人，好心地為這不知名墓地湮沒在草叢中的淒涼景象而嘆息了。

修墓，是六個月大就失去母親的章孝嚴、孝慈兩人有生以來，首次向形象模糊的母親盡孝道。儘管，這一切充滿了揮也揮不開的遺憾，慈恩與無奈，兩兄弟認定，他們是做了正確的決定。

章亞若民國三十一年夏末初秋客死桂林的棲身之地，由她在大陸親人主動探訪重新尋獲，是民國七十三年的事。

當時，隸屬廣西壯族自治區的桂林市政府統戰部還曾多次邀集有關單位開會，協助章家人進行墓地的查訪。市府所屬的桂林文物工作隊奉命配合、多方考據舊有資料，訪晤當年目睹章亞若下葬過程的本地農民，和參與籌辦喪葬事宜的人士後，終於突破時空移轉的障礙，確認波光瀲灩的灕江東畔，昔名「東江」，如今稱做「七星」區的馬鞍山西側鳳凰嶺，雜草與石礫覆掩下的那一坏黃土，就是四十多年前對日抗戰時期，年僅三十的章亞若突然病故後，親友匆匆將她埋葬的地方。

墓地找到了，但是眼看小土堆隨時可能招致風雨侵蝕而流失不說，山腰左側，又有開

圖上／作者在章亞若墓前焚燒冥紙。

圖下／百鳥朝鳳（桂林市東區郊外灘江畔七星區）。

山採石者夜以繼日施用炸藥敲取石塊，章亞若在大陸的親人及主持考證墳地真實性的桂林市府文物工作隊隊長趙平，都擔心這座尋回不易的墳墓隨時可能煙消雲散。他們認為，儘早重新加以整修才是上策。

可是，修墳的費用可觀，最保守的估計也要高達大陸平均一人每月收入一百倍以上。章家親友自知無法負擔，只好各自設法向居住地的政府當局求助，但管道不通，始終沒有著落。

文物工作隊負有中共上自中央下至地方政府近年大力提倡的文物保存責任。趙平隊長左思右想，最後說服了桂林市政府，以「近代名人」看待章亞若，由與台灣有關的統戰部撥公款人民幣三百元，將土堆整攏，四週以磚石圍砌矮牆，並在墓前鋪設石階，勉強形成一座外觀簡陋的墓地。

然而，原來的墓碑早已不知去向，豎立新碑又是大事，無人敢於隨意做主。幾番討論後，章亞若的侄兒章修純與妹妹章亞梅，以及趙平等人，輾轉透過美國朋友幫助，將墳地的文字、圖片資料，送到了台灣，請他們轉告章亞若與蔣經國所生的雙生子決定下一步行動。

就這樣，章孝嚴與弟弟孝慈在大約兩年多前，得到桂林母親墓地的消息。他們的心裡憂喜交加。

圖上／整修完成後的墓地全景。

圖下／孝嚴、孝慈爲毌立墓碑，盡人子之道。

喜的是，將近半個世紀以來，他倆對母親抽象遙遠的印象，總算在墓地出現後具體化了。但依傳統人子禮節前去上墳與修墳，卻是他們當時不能想望的。

兩兄弟明白，在海峽兩岸政治對峙的態勢下，他們的蔣家第三代身分敏感，加上哥哥孝嚴具有高階官職，任何與中國大陸有關的舉動，都將在兩岸引起政治性的騷動。他倆親赴桂林掃墓絕對辦不到不說，修墳也是大事，不宜輕舉妄動。

在一動不如一靜的考量下，兩兄弟只好沈默是金，對大陸親友三番兩次的修墓建議，未做任何回應；也不曾與有血親關係的姨媽及表兄弟姐妹們連繫。

沒多久，政府調整大陸政策腳步，民眾赴大陸探親，鬆動了海峽兩岸的全面隔絕緊張關係。七十七年一月，身為中華民國總統的蔣經國故世，他與孝嚴、孝慈的父子親情化暗為明，大陸章家長輩與表兄弟咸認「政治」已不再是雙胞胎為母親修墳的障礙，期待章孝嚴與弟弟採取行動的企盼之心日益濃厚。

而事實上，章亞若的墓地此時也正面臨著遭毀壞的威脅。

原來，墓地左方桂林公安局所進行的採石工作，雖然由桂林市府接受文物工作隊建議，早在民國七十四年左右下令禁止這個破壞自然景觀且損害章亞若墳墓完整性的行為。但禁

孝慈書房中陳設母親的遺照，下方的瓷瓶裏
裝著桂林母親墳上泥土。

令歸禁令，明裡暗地，有利可圖的採石者始終未曾罷手。在炸藥的震撼下，墓地右側原本施工簡陋的磚牆逐漸剝落，墓地地基明顯傾斜。

趙平眼看情勢危急，心焦萬分，再度於七十七年下半年以間接方式，向亞若在台灣的雙生子發出請求及時護墳的訊息。

趙平所主持的文物工作隊，政治色彩不濃，是一個中性的政府機構，加上現場勘察資料與見證人物的說詞齊全，孝嚴、孝慈深入研究後，認定墓地的真實性無可置疑，兩人開始認真考慮修墳的問題。

七十八年初，章孝嚴的一位朋友赴桂林附近探親。行前兩人談及母親墓地之事，這位朋友主動提議代為探訪真相。

友人返台述說現場情況並帶來照片後，孝嚴、孝慈體認到墓地確實需要及早整修。這時的政治環境也容許章孝慈以民間私立大學教授身分委託朋友打理修墓事宜，兩人一番商議，下決心要付諸行動。

可是，墓碑的碑文內容，卻又難倒了兩兄弟。他們的父母並未正式結婚，自己的姓氏還是跟著母親姓，墓碑上寫「蔣母」不好，不寫也不好。……思索著，神傷與無奈湧上心頭，再度陷入身世背景複雜的掙扎。

幾經思量，想出了折衷之計。他們以「顯妣章太夫人亞若之墓」為名，右上方註明母親的家鄉「江西南昌」；右下款題字「男：孝嚴孝慈」，避免了蔣姓或章姓的難題。

立定主意後，章孝慈敦請一位素來敬仰的師長代為書寫碑文外，還走訪不少家台北市的葬儀社，選擇台灣習見的圓弧造型墓園做標準，拍下照片委請一位朋友以章孝慈委託人身分，於七十八年七月與具有修墳經驗和能力的桂林文物工作隊接頭，洽談規畫，估價和施工細節。

十一月初，修墓工程順利展開，十二月三日墓碑正式豎立後，「章亞若」的名字終於「名正言順」公開與雙生兒子結合在一起。

二、歷史的見證

他們打破長久的沉默了。

四十多年來，基於政治忌諱與家門祕辛的考慮，章亞若散居在大陸的血肉至親們，始終靜默著，不曾對外界有關章亞若生平的猜測與傳說做過任何辯護或解釋。

七十七年初蔣經國去世，大陸香港與台灣分別興起章亞若熱，各種媒體對蔣、章戀情，及章亞若的身世，做了不少描述，其中穿鑿附會甚至傷害亞若令譽的報導，曾經激怒她的侄兒章修純，幾度以讀者投書或直接去信給撰稿人的方式，抗議並指斥他們編造查無實據有損章亞若人格的故事。

對外，在不願傷及台灣孝嚴與孝慈兩兄弟的前提下，章修純與章亞若的妹妹章亞梅等章家親人，仍然謹守著不公開他們與亞若血肉親屬關係的原則，躲避並拒絕來自香港及大陸內地新聞媒體的追蹤採訪。

七十八年春天，章孝嚴與弟弟決意整修母墳，章亞梅與下一代的侄、甥兒心頭重擔落地之餘也認為，既然台灣的孝嚴和孝慈已經突破禁忌，採取整修母親墓地的行動，他們以見證人身分，公開說明章家家世與章亞若生平的時機也已成熟，分別同意接受台北聯合報的訪談。

這項訪問自七十八年二月至九月，分三次進行。訪問地點，自桂林至貴陽、昆明、南昌、贛州、西安、上海與長沙等地。訪晤對象中，除了家住上海的章亞若生前好友桂輝及曾任章亞若工作上司的徐君虎兩人曾與香港、大陸記者晤面敘談舊事之外，其他的章姓親人與了解當年內情者，都是首度向新聞界說明他們記憶中的章亞若，以及他們所知道章亞若與蔣經國相戀的經過。其中諸多細節，章亞若的雙生子章孝嚴與章孝慈過去也毫無所聞。

這些「見證者」中，包括章亞若的親妹妹章亞梅、章幽蘭，侄兒章修純、章修維，侄女洛洛、銅銅、梁梁、毛毛，弟媳紀琛、外甥陶天錫、外甥女劉守升以及章亞若的義妹黃家禎、同事桂昌宗，陪侍過章家孫兒的奶媽段會香等對亞若生前事蹟較為明瞭的關鍵人物。

他們當中，居住湖南長沙的唐遠波，是章亞若早年婚姻所生的長子。他的談話，更有助於了解成長在動盪大時代中的章亞若，年輕時如何在坎坷的心路上掙扎奮鬥，追尋自我。

第二章　故鄉與家世

一、祖父：落戶南昌的浙江子弟

十九世紀末葉，西方世界的船堅砲利，不僅粉碎中國人數千年來自尊自大的觀念；更喚醒華夏順民的意識，起身反抗腐敗無能的清廷政府，演出了一場永存青史的「太平天國」革命。

當時那位來自廣西的失意秀才洪秀全，廣招支持者組織「太平軍」，席捲十八個省分，聲威直逼清宮的驚人之舉，雖然未能成功，卻意外地影響了章亞若整個家族的命運。她的祖父章伯昌非但因而自幼父母雙亡，離鄉背井；還在孤子一身的無可奈何下，毫無選擇地放棄了他原屬的黃姓宗族，改祠章家。

原籍浙江的章伯昌，出生於「太平軍」的希望之火瘋狂燃燒在中國東南地區民間的清朝道、咸年間。他尚在襁褓時，父母隨著流亡人潮，棄守家園懷抱獨子加入洪楊對抗清廷的「太平軍」陣容。

章伯昌父母的滿腔熱情，敵不過優勝劣敗的現實。他們一方面要在勞苦的路途中照料幼兒，另一方面又必須在一次次遭受清軍重圍攻擊中，面臨軍伍潰散瓦解的威脅。終於，在轉戰至江西南昌郊外，鄱陽湖濱的水上小農村吳城鎮後，雙雙因病去世。

年僅四歲，蹣跚學步的章伯昌頓然失去依靠的淒涼境況，立即傳遍吳城鎮的市集街坊。當地章家村一戶有錢地主正為無嗣而煩憂，聽聞此事後，急忙差人打探實情，抱來只知道自己原來姓黃的小孤兒，並且挑選黃道吉日在章家祠堂宗祖前立他為子，正式為他取名章伯昌。

伯昌成年後娶陶氏為妻，生子貢濤，就是亞若的父親。貢濤晚年，將父親幼時的遭遇轉述給章家第四代的長孫，亞若大弟浩若的長子章修純。

祖父告訴修純，太公（曾祖伯昌）曾經設法尋根，赴浙江打探自己黃家的真相，可惜終因兒時記憶過於模糊，直至去世，都未能找出任何頭緒。

章伯昌歸祠章家後，享受過一段安逸豐裕的少爺公子生活。然而，命運繼續捉弄著他。十歲出頭那年，養父染上嫖賭惡習，金銀積蓄流水般散出，家道開始中落。之後，一場回祿之災，燒得章家巨額產業付之一炬。年少的章伯昌只好面對現實，自謀生路。未曾接受完整教育的他，選擇駕渡船來往縣城與小鎮間做小買賣的行業餬口。

依據章亞若的妹妹亞梅的說法，她們的祖父章伯昌一生命運乖舛。他在辛苦求生，好不容易忙碌到子女各自成年正要安享晚年的五十多歲時，竟然因債務糾紛，討債時遭人殺害。

亞梅聽家中長輩說，祖父慘死後，屍首被扔在湖裡，始終無法尋獲。

伯昌膝下除貢濤外，還有兩個女兒，幼時都在吳城鎮鄉下私塾就讀。長女年輕時教書，後來嫁與陳姓人家，承繼了一筆房產。

二女兒章金秀，與母親同宗子弟陶百川成婚。他們的二兒子陶端柏娶了章貢濤的二女兒，也就是章亞若的二姐為妻，創下近親聯姻的先例後，章家、陶家連續數代好幾宗親上加親，形成兩個家族間特殊的傳統。

章家小弟貢濤，自幼好學。他成長後，正是前清末葉，趕著步上科舉功名的道途，幸運高中，做起地方父母官後，正式遷出了吳城鎮，帶著寡居的母親在南昌市內定居。

所以，自亞若這一代起，名義上，章家是南昌市新建縣吳城鎮人，事實上，長期居住南昌市，在南昌求學就業，可說是道地的南昌人。今天的吳城鎮，只是章氏祠堂與祖墳所在地。

二、新建縣、南昌市與廬山

吳城鎮雖然屬於新建縣，但因地處交通不便，位置偏僻的鄱陽湖南端湖口之上，是一座水上小村。自新建縣城乘渡船，至少六個小時的航程才能到達。

新建縣距離市區車程二十多分鐘，越過橫跨贛江的「八一大橋」，就是縣府所在地。這個縣城，也是今日南昌市區盛產「竹床」的地方。

「竹床」，是有全國四大火爐的南昌盛夏酷暑之際，家家戶戶必備的驅熱救星。新建縣山區盛產毛竹，當地居民將竹條加工，手工編織成三、四十公分高，容得下一位大男人平躺的竹床後，每天大清早在自行車後座綁上兩張，或是肩上扁擔一頭挑兩張，天未明就趕往縣裡同行集散的公路旁待價而沽。一張竹床市價二十五、六塊人民幣。

圖上／南昌市街景。
圖下／贛州古城門。

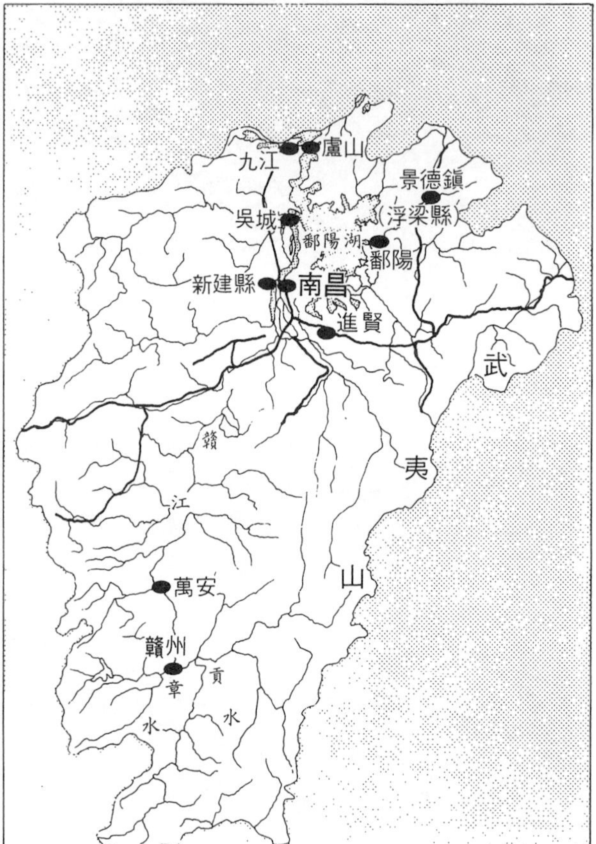

江西省簡圖

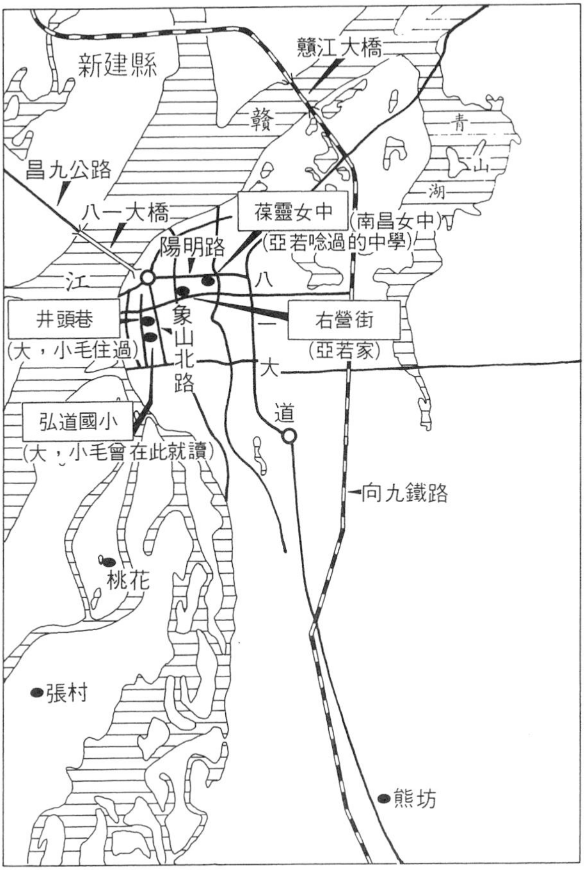
贛江大橋
新建縣
贛
青
山
湖
昌九公路
八一大橋
葆靈女中
(南昌女中)
(亞若唸過的中學)
陽明路
江
八
井頭巷
(大，小毛住過)
象
山
北
路
右營街
(亞若家)
一
大
道
弘道國小
(大，小毛曾在此就讀)
向九鐵路
桃花
張村
熊坊

南昌市簡圖

新建縣在中共近代史上也小有名氣。這裡，曾經是鄧小平文化大革命期間下放勞動三年的地方。

中共「中央文獻出版社」七十七年十月出版的《鄧小平傳略》中，提到五十八年十月，「林彪為篡黨奪權而發布『第一個號令』後，鄧小平被押送到江西新建縣，在這拖拉機修造廠勞動度過了三個艱難的春秋。」

新建縣與南昌市隔著著名的贛江，江上的「八一」大橋，是連接縣市的主要通道。

從新建縣遠望江水對面，中共當局正在興建的「滕王閣」，提醒了人們「南昌市」的江南古都盛名，以及唐朝才子王勃的傳世名作〈滕王閣序〉筆下，「落霞與孤鶩齊飛，秋水共長天一色」的景緻。

有「江南三大名樓」之稱的滕王閣，建於一千三百多年的唐朝永徽年間，民國十五年不幸遭大火燒燬，只留下一方刻著「滕王閣」大字的青石匾額原蹟。

民國七十七年，在大陸維護古蹟及促進旅遊的政策下，南昌市政府決定撥款重建滕王閣於南昌市這一邊的贛江江畔。該工程目前南昌市民人盡皆知。外地人到南昌，經常有當地居民以建造中的「滕王閣」，略帶驕傲地強調那就是南昌古城往日繁華的歷史見證。

事實上，這座建造於兩千一百多年前，隨著時代變遷，自南昌改名豫章、洪都又恢復舊稱的南昌市，甚至整個江西省，在中國近一百年來的政治舞台上，持續扮演著重要的角色。除洪楊之亂之外，中國共產黨民國十五年八月一日「起義」建軍；及後來蔣委員長發起新生活運動，都是以南昌為根據地。

如今南昌市到處是八一廣場、八一大道等與八月一日「光榮歷史」有關的地名。連接市區與市郊的「八一橋」，也是從原來的中正大橋更名而來的。

南昌以南四百多公里至江西最南端的贛南地區，便是當年蔣經國擔任行政專員，有過一番建樹的地方。贛南行政專區首府贛州市新開張的中共國營贛南賓館，在介紹該市特色的簡介上，還寫著「蔣經國曾在此地居住多年」的字句，藉以彰顯贛州市的歷史價值。

中共統治下的今日南昌，仍然承襲國民政府時代的江西省省會地位。儘管市府旅遊當局出刊的彩色南昌市容簡介中，形容經過三、四十年來「人民主人翁所進行的建設，南昌已真正成為『江南昌盛』之地」，親眼目睹這座城市後可以發現，八大山人、白居易、王安石、文天祥所遺下的人文薈萃歷史足跡，無法挽救這座城市資金匱乏，經濟發展條件受限的現狀。現在的南昌全市電力與自來水供應尚不穩定，隨時有斷電停水之虞；經濟狀況跟大陸大部分內地都市相彷：一般市民夫妻收入一百八十至兩百元人民幣之間，維持溫飽而已，街道市容也是乏善可陳。

不論過去曾經如何光輝燦爛，民國七十八年的南昌市，呈現在外來訪客眼前的，是既落後，向前發展又無明確動力的無奈。

儘管如此，滕王閣序裡「星分翼軫，地接衡廬、襟三江而帶五湖」的自然景觀，歷經千百年改朝換代的錘鍊，始終是南昌市屹立不搖的驕傲。從南昌往北走約兩百公里，就是名聞遐邇的廬山。

當年，先總統蔣公與中共周恩來等人舉行廬山會談，舉世矚目。如今，中共旅遊當局還把會談地點「美廬」開放售票供民眾參觀。這座「美廬」，傳說是一位法國人士好意贈給蔣夫人宋美齡的禮物。蔣公取美齡中的美字與廬山的廬，為這歐式建築風格的典雅別墅命名「美廬」，並在花園如今仍在原地的大石上，親自題刻「美廬」字。

對章亞若一家而言，「廬山」還代表著微妙的命運巧合。她的父親章貢濤中日抗戰時期遷往廬山養病教書，在那裡一住好幾年。他做夢也想不到，鍾愛的三女兒亞若，這段時間已經和數度上山避暑的蔣委員長長公子蔣經國，由相知、相識，而相愛。

三、父母：章貢濤與周錦華

寬大的紅綢綴花長裙，左右髮角上各一隻結紅繩的朝天小辮子；才剛過十二歲生日的周錦華，就是這樣一副童稚未脫的打扮，坐上八人抬的花轎，嫁到同是吳城鎮的章家村。

這年大約是光緒二十三年，西元一八九七年，新郎章貢濤十八歲。當時的清廷政府，在對日甲午戰爭連連挫敗，日軍氣焰高張的威脅下，於兩年前向日軍豎白旗，簽訂「馬關條約」，將台灣與澎湖割讓給日本做殖民地。

台灣與澎湖，對只受過三、兩年私塾教育的小新娘周錦華而言，既遙遠也毫無關連。在資訊傳達困難的那個時代，她與丈夫都極可能從未聽說「馬關條約」，也不知道台灣人落入外族統治的命運。當然，周錦華更不會料到，五十二年後，她竟然隻身帶領三女兒亞若生的兩位外孫，也是中華民國總統蔣經國的雙生子，漂洋過海移居台灣，在風城新竹度過晚年。

周錦華的前半生，結婚生子、夫妻和睦，從「縣長夫人」、「少奶奶」到「老夫人」，與同一時期走過封建與民國兩個時代的大部分女性一樣，生活中雖然小有波折，大致上溫馨、幸福，不能多所奢求。

民國二十八年，中日戰爭期間，與家人逃難到贛州後，環境改變了她的命運。先是擔心三女兒亞若與蔣經國無法對外張揚的戀情；後來亞若過世，又在生命安全受威脅的恐懼下養育亞若的蔣門雙生子；接著，出嫁的二女兒病逝；丈夫另有所鍾。

最後，她又千里迢迢來到台灣，既要與貧困掙扎，又要為外孫的特殊身世備嚐心靈煎熬。直到民國五十年初溘然長逝，周錦華忍受著二十多個年頭的磨難。

長孫修純說，要不是秉性剛倔堅強，祖母很難承受後半生接二連三的打擊。

兒時單名「姺」的周錦華，上私塾時由教書先生另取「錦華」為學名。她出生在樸實、單純的新建縣鄉下，父親賣魚為生；母親忠厚持家，與唯一的哥哥敏前兄妹情深；是父母眼中的明珠。

于歸章家後，錦華和娘家來往依然密切；女兒中的老二章懋桃，從小在外婆家裡長大。敏前的長子，現在住在台北的周仲超也與姑媽周錦華十分親近，每次遇上麻煩，總是找她商談。

圖上左／周錦華之母。
圖上右／周錦華之父。
圖下左／周錦華：亞若之母。
圖下右：章貢濤：亞若之父。

民國三十八年隨國民政府自江西撤退到台灣，一住四十餘年的周仲超，原來從軍，退伍後做生意，今年七十多歲。他對故鄉念念不忘，近年趁探親之便回鄉探望弟妹之外，還陸續捐贈近百萬元新台幣在新建縣興辦小學。他與弟妹都清晰記得周錦華姑媽的面頰瘦削略長，身影高眺，是一位有主見、性格強烈的女性。

周仲超說，公公、婆婆，也就是表姐亞若的外公、外婆，一生行善，熱心助人；「是新建縣鄉下有名的一對大善人」。

外公早早將女兒嫁給章貢濤，章家後代聽長輩說，是因為他與貢濤的父親章伯昌同樣在鄱陽湖南端駕船做小生意，兩人訂交成知己後，進一步結成親家。四女兒章亞梅聽來的故事，比較具有羅曼蒂克的現代感。她透露，父母原是年幼時唸私塾青梅竹馬的友伴；既然兩小無猜，兩家又是世交，年長後成親也順理成章。

不管是如何結下的夫妻緣，章貢濤自與妻子錦華成婚後，一直平步青雲，過了一段家庭與事業都順利的日子。

貢濤的長孫章修純說，祖父先是登上科舉榜單，從無名小卒，一躍而為地方鄉紳，接著，又負笈北京，在現在的法政大學進修，後來奉派回江西遂川縣做相當於縣長的知事。

祖父在鄉試、縣試、省試都獨佔鰲頭，鄉人封之以「小三元」的雅號。後因滿清政府被推翻，才未能赴北京掄元。但是，長孫章修純聽長輩說，祖父在新舊政權交替之際仍未能忘懷京城進修的夢想。後來果然進入北京法政大學唸書，並獲得學位。修純還表示，祖父去世前還親手向他展示大學畢業文憑。（註①）

民國二十二至二十三年間，章貢濤返回南昌市，在右營街大姐夫留下的一幢大宅院門前掛牌，做執業律師。

圓臉，身材與妻子恰巧相反，短小精幹的章貢濤，雅好古書詩賦。他本名章甫，長大後以「貢濤」為號。江西的簡稱贛，正是章加上貢，而著名的贛江，也是章江與貢江匯流而成；「章貢濤」，意即「贛江之水濤濤」。

貢濤重視教育，最愛得英才而教之的樂趣，老年辦學教書就在一償宿願。管束子女，他也是教育為先，求學唸書第一，而且男女平等。七個兒女中的長女懋蘭畢業於北京女師大；三女兒亞若受父親耳濡目染，三、四歲起學古文吟詩誦詞，章家家族廣為傳述。關於亞若的文才，還有她在父親調教下，不僅擅長書法，自小更能七步之內賦詩的說法。

懋蘭之前，小小年紀的周錦華有過一個女兒。那時夫妻倆年輕又缺乏養育子女的經驗。

一次意外，幾個月大的小女兒活生生在爸爸眼前從桌上摔落地面夭折，做媽媽的一生都引為憾事。

章貢濤與周錦華一共生了十一個兒女，其中四名早夭，只有兩兒五女長大成人。亞若在兄弟姐妹中排行老三。

周錦華與丈夫的感情生活早年十分融洽。那段期間，儘管婆婆嚴厲挑剔，年輕的先生都能百般體恤，她也不以為苦。婆媳間的種種，錦華曾在兒女成年婆婆去世後時時引為趣談，一方面也印證媳婦熬成婆的磨難。

母親受婆婆氣，父親從旁憐惜，亞若、亞梅姐妹印象最深刻的，是奶奶不滿意媳婦入門十多年連連弄瓦未能替她生下孫子，要兒子鞭打太太出氣的故事。

亞梅說，父親是孝子，母親連續生下第三個女兒亞若後，奶奶實在氣不過，有一天喚來貢濤，要他毆打媳婦洩憤。

兒子不敢違逆母命，真要鞭打太太，又說不過去，更沒有道理。為難了半天，只好回到屋裡與錦華商量，由她合作演出一個打、一個哭的假戲，向母親交差了事。

章貢濤在右營街執業做律師的宅邸寬敞豪華，據章亞梅記憶，那幢房子裡「有好幾十個天井」，空間廣闊。她說，右營街房產，是陳姓大姑爺的財產。他去世後，一生無子嗣的大姑媽將產業帶回娘家，與寡母、弟弟一家相守餘生。

在這幢中日戰爭時被砲火燒燼的大房子裡，收入豐裕的章貢濤，僱有僕役佣人照料家事，出入有轎夫抬轎，生活優越安適。他對下人隨和平易，當年在章家為次孫修維做奶媽的段會香，最津津樂道老爺不擺架子，空閒時做莊和僕佣丫頭們玩牌娛樂，「贏了錢最後通通歸還」，總是皆大歡喜，笑聲盈耳。

那時，年逾五十的老太太周錦華，愛上麻將與煙草。每天早晨，由貼身丫鬟侍侯抽水煙袋；空閒時有兒女閨友陪著打牌，身邊還有長子的兩位孫兒承歡膝下，過著愉快幸福的日子。

可惜，她與丈夫個性不和現象愈來愈嚴重。後來又因對兒女管教問題的看法有歧見，連外人奶媽也感受到兩夫妻情感不睦。

在廬山，章貢濤結識了孫兒口中的「小婆婆」曹筱玉。抗戰勝利後，兩人返回南昌縣前街舊居同住。幾個月後，周錦華也回到南昌。她拒絕與丈夫、曹筱玉長相共處，遷往兩條大街外的井頭巷十一號，長子浩若購置的新宅落腳。從此夫妻分居。

民國三十八，中共作亂，周錦華再度攜子孫逃難，章貢濤則留在南昌由曹筱玉及一位孫兒陪伴，靠分租空房的收入維生。

自此，台灣、南昌兩相隔離，章貢濤民國四十六年因病壽終正寢，土葬在新建縣瀛上公墓；四年後，周錦華也離開人間，火化後靈骨供奉在新竹市郊青草湖；再過六年，曹筱玉去世，三個老人的恩恩怨怨正式落幕。

第三章　手足情深

一、大姐與二姐

門外，鑼鼓喧天，送嫁粧的板車隊迤邐好幾百公尺；門裡，丫環僕人還七手八腳打點裝貨，為大小姐懋蘭的于歸之喜忙碌著。前來的親友紛紛道喜，無人不為章家嫁女兒氣派排場嘖嘖羨嘆。

章貢濤為長女辦喜事，正是他在右營街大宅院執業做律師，最意氣風發的時候。陪嫁的東西，從吃的用的到嬰兒的小鞋、內衣、帽子與首飾，應有盡有。送嫁粧那天，南昌市大街為之轟動。

章懋蘭後來告訴兒女說，當時情景壯觀，板車走出大門好幾條街之外，家裡還大包小包等著裝上車，吸引不少好奇街坊鄰居駐足圍觀。

懋蘭與三妹亞若一樣，幼時由父親啟蒙，學詩書、練行楷，在民國初年算是新式女性。懋蘭也是七姐妹兄弟裡學歷最高的一位，獲有北京女師大學士學位，是當時社會上十分稀罕的女大學生。

與學法律的夫婿劉克勳成家後，懋蘭因為丈夫工作的關係，遠離娘家，遷居至山東青島做法官夫人。

抗戰期間，懋蘭染上肺病，三妹亞若在桂林，她原以為那裡清靜又不受戰事干擾，南下到桂林養病，打算住一段時間。沒想到亞若突然去世，大姐只好帶著不解與恐懼離去。後來劉克勳調往貴州，懋蘭病勢轉好也跟著前去。她在銅仁一所中學教書，並與娘家母親、弟妹重聚。那時，亞若的雙胞胎兒正蹣跚學步。懋蘭的四個兒女守元、守升、守邦與守美，也都年幼，經常與孝嚴、孝慈玩成一團。劉守升還記得兩位表弟東搖西晃的小模樣。

抗戰勝利後，懋蘭一家返回南昌，和娘家大團圓的平安日子還不滿四年，又碰上要不

圖上／章懋蘭：亞若大姊。
圖下／劉克勳：章懋蘭之夫。

要逃難到台灣的抉擇。

懋蘭的母親周錦華下定決心由南昌至廈門，再乘軍艦到台灣後，力勸長女同行。女兒也認為時局混亂不走不行。可是，丈夫當時不在家，她允諾母親一個月後趕到廈門會合，再一起隨國軍撤退。

劉克勳的想法與太太不一樣。他不相信中國共產黨有本事坐大。而且台灣太遙遠，工作事業均無頭緒，始終猶疑著不想走；懋蘭覺得有理，就不再堅持。

廈門的母親等候近兩個月不見大女兒踪影，只好悵然攜同幼子、長孫與雙胞胎外孫登上運兵艦前往台灣。

沒多久，中共部隊進城，南昌「解放」。劉克勳眼看不妙，帶著妻小往南逃到尚未被中共占領的雲南省會昆明市避居，並且在法院裡找到一分差事。

昆明也好景不長，陷入「解放」的命運，懋蘭一家眼看再也無處可去，只好面對現實接受接二連三運動的考驗。

就這樣，從民國三十八年左右到最後去世，章懋蘭再也未曾恢復往日大小姐的生活。她的家庭被打成「黑五類」，大學文憑失去用處，先生的工作被剝奪。眼看三女四男等著撫養，懋蘭只好以洗衣、裁縫、衲鞋底等女紅、粗活賺些微薄的收入養家。

懋蘭的長女劉守升，現在回想起母親從讀書人到賣勞力，最後因肺病復發吐血致死，淚水禁不住奪眶而出。

劉守升說，在反右、反革命的恐怖氣氛下，有三十多年的時間，三姨章亞若的名字未在家裡出現。三姨和蔣經國的關係，母親懋蘭更是隻字不提，唯恐受到牽連，招致更悲慘的待遇。

民國五十五年文化大革命爆發，懋蘭知道任何可以連想到台灣的東西，都會招來殺身之禍。她暗中吩咐守升，將存放在衣櫃裡的舊照片簿找到，所有與亞若及在台灣的章家親友有關的相片，一概燒成灰燼。母親且叮嚀她不要在弟弟妹妹面前提起此事。

守升心裡明白母親的用意，不敢多問，深深體會到「三姨」是禁忌。她燒光了三姨笑容滿面的紀念照，只留下外人無法辨認的一只深咖啡色奧地利製長型對摺皮夾。這是蔣經國送給亞若的禮品，亞若又轉送給大姊。

後來成家，劉守升也不曾告訴先生安慶雲，娘家與蔣家的淵源。直至前幾年時局扭轉，台灣關係不再是被鬥的對象，四分五散的章家親人重聚，她才向安慶雲說明三姨亞若的往事。

現在劉家兄弟姊妹在一起，已經敢公開談論三姨，以及兩位雙胞胎表兄弟孝嚴、孝慈的現況。不過，懋蘭七個子女中，除了守升與大哥守元外，弟弟守邦、守仁、守昆與妹妹守美、守桂均對亞若三姨毫無印象；他們當中，守桂在廣東，其他六人都以昆明為第二故鄉，江西南昌只是祖先的根源罷了。

三姨之前，劉守升記得聽母親說起還有位二姨懋桃，但從未謀面。

懋桃自小在外婆家長大。一方面，因為外婆家沒有小孩，父母將她送去作伴。另一方面也是嫌女孩多，既然已經有了大女兒懋蘭，老二交給外婆撫養也不為過。

章懋桃中年早逝。她確切去世的時間，章家不復記憶，大約是民國三十二、三十三年間，在重慶因病亡故。

懋桃的夫婿陶端柏的母親章金秀，是章貢濤的二姐。他與懋桃是親姑表兄弟關係。端柏學中醫，懋桃嫁到姑媽家做媳婦，本來是親上加親的喜事，但據妹妹亞梅說，母親周錦華不欣賞二女婿的才情，漸漸與二女兒疏遠。

抗戰前後，陶端柏偕同太太遷居重慶。懋桃去世後，消息傳到娘家，母親與姊妹、弟弟們無限悲切。尤其，周錦華剛失去三女兒亞若，二女兒竟也撒手人世，老來喪女的痛苦可想而知。

懋桃身後，留有年幼失母的陶天左、天右與天錫三位外孫無人照料，外婆周錦華更是放心不下。不過，她怎麼樣也沒有想到，兩年後前去重慶取代二女兒懋桃陶家女主人地位的會是四女兒章亞梅。

二、妹妹「亞梅」和「幽蘭」

排行老五的章亞梅，民國三十八年避難貴州，落戶貴陽至今已近四十年。民國七十八年時她七十三歲，是亞若這一代姐妹兄弟裡，目前在世的三位中最年長的「四姐」。亞梅的三位姐姐懋蘭、懋桃、亞若，及行四的哥哥浩若均已逝世；七十一歲的弟弟澣若人在台灣，已經雙目失明，年老體弱；老么五妹幽蘭留在南昌新建縣老家。三人也是山海相隔，天各一方。

只受過兩年小學教育的章亞梅，生平際遇充滿戲劇色彩，傳奇性不低於三姐亞若的一生。她的容貌與外型，也與亞若極為相像，都是圓臉，身材嬌小。只不過亞梅的個子比三姐要矮，大約一百五十公分出頭的身高。

出生才四十天，亞梅就由南昌郊區一戶梁姓人家抱去收養，仍然姓章。從她懂事起，養母每隔一段時間，就送她回右營街的家探望親生父母，對自己的出生背景印象極深。

十歲時，亞梅的養父亡故，養母持家困難，又有一位養弟嗷嗷待哺，三餐難繼，亞梅眼看情勢不對，決定返回章家。她小小年紀憑記憶步行來到右營街，恢復章家四小姐的地位。

章家將女兒送人，一方面是有些重男輕女認為女兒過多；另一方面也是當地習俗。據說，在清末民初年代，江西鄉下平民農戶人家，喜歡領養城裡有名望家庭的千金，是福氣，也很光榮。亞梅的妹妹，老么章幽蘭也是從小送給昌邑農村給人做童養媳。

亞梅返回章家後，還沒來得及上學，已婚的二姐懋桃生產，她被差去做幫手照料小嬰兒，再一次離開父母。

抗戰時，跟著到贛州進入難民小學插班唸書才兩年，三姐亞若臨盆，亞梅又聽從母親與姐姐的吩咐，千里迢迢到桂林，充當雙胞胎的保母。

亞若病故之後，二十五歲左右的亞梅惶惶然不知所依。她接受蔣經國下屬的安排，抱著外甥孝嚴、孝慈，跋山涉水到贛州以北的萬安縣與母親周錦華會晤，兩人共同負起撫養

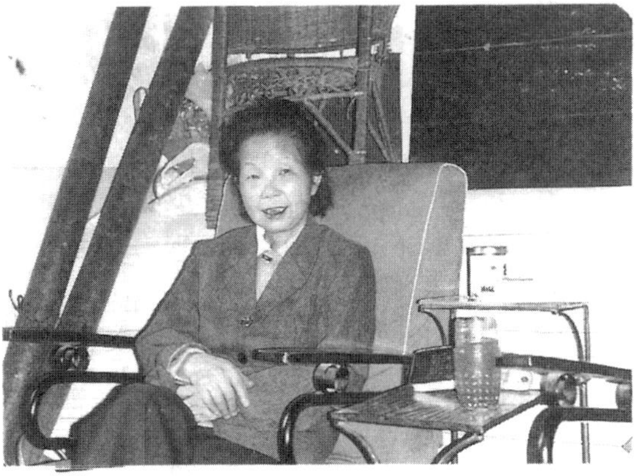

圖上／年輕時的章亞梅(右)。
圖下／七十三歲的章亞梅。

雙生子的責任。

兩年半後的一天，章亞梅突然毫無預兆的不告而別。當時亞梅、母親與弟弟，都跟正在貴州銅仁縣做縣長的哥哥浩若住在一起，縣長妹妹離家出走，舉家嘩然。

幾個月後，亞梅來信，說她與二姐夫陶端柏已經成婚，做了二姐家裡三位甥兒的繼母。章家晚輩傳說，亞梅是愛上了二姐夫，擔心家中硬要她接受當時安排的親事，才不惜離家出走。侄兒與外甥們，對亞梅打破傳統的勇氣，和開放前進的行為，大都非常好奇，也誇張地相互傳頌著。

至於實情，章亞梅笑著解釋說，那次離家與「私奔」無關，下嫁二姐夫更是湊巧，並非刻意安排。

哥哥浩若說媒為她安排夫婿之說的確是有，但當年離家，是挨了母親的罵，一時心有不平，投奔銅仁的大姐懋蘭後，又由大姐託友人陪著前往貴陽。

亞梅原先打算在貴陽謀生，但一住好幾天無依無靠；只好轉往重慶，探訪喪妻不久的二姐夫與失去母親的外甥陶天左、天右、與天錫。

在重慶，工作也難找。幸好三姐亞若的一位至友收容了亞梅。

圖上／一九六五年章浩若(左，亞若大弟)
與陶鎔(右，章幽蘭之夫)。

圖下／現居江西南昌的章幽蘭。

又過了一段時間，亞梅眼看快要坐吃山空，二姐夫央人說媒，亞梅覺得二姐夫值得信賴，加上早就心疼外甥無母照料，就自行做主，請來亞若那位好友做證婚人，從小姨子的地位，轉而成為陶端柏的妻子。

三十四年抗戰勝利後，亞梅一家返回南昌，母親與兄長還都補送了婚禮，算是正式承認這門親事。

四年後，亞梅與先生未加入逃往台灣的行列，南下到貴陽避風頭。

民國四十二年，陶端柏因「歷史反革命」罪名被判入獄，亞梅與繼子的生活頓失依靠，只好以賣菜維生。

民國五十一年丈夫出獄，章亞梅憑著淺薄的識字能力跟著學做中醫，竟然在兩年後通過考試，獲得中共認可的中醫師資格。她現在每月支領的就是中醫師退休工資人民幣五十元。

民國七十二年，陶端柏去世，亞梅沮喪了一陣，終於在繼子陪伴下恢復信心。如今，她獨居在離貴陽市區著名的黔靈公園不遠的一棟公寓的三樓裡。

大陸淪陷後，章亞梅從未提起與亞若的姐妹關係，附近鄰居甚至密友，也不知道台灣的章孝嚴、孝慈是她的外甥。她說這樣做是避免麻煩。

三位繼子中，老大天左目前在重慶，天右與天錫都在貴陽，各自成家。拜訪兒子，也成了章亞梅日常生活的調劑。

亞梅的妹妹幽蘭，乳名章子，臉型瘦長，是家中五姐妹中，長相與母親周錦華最相似的一位。她的丈夫陶鎔，文化大革命期間以「大地主」及台灣關係遭批鬥至死。章子自小至今，一直居住在江西。抗戰結束，母親自銅仁返回南昌後，曾在章子夫家昌邑的農莊居住過一段時間，這也是陶鎔最後被治罪的原因。

孝嚴、孝慈那時跟著外婆來到昌邑；章子對雙胞胎的模樣依然印象深刻。由於從小不在章家成長，年齡差距又大，幽蘭與三姐亞若之間的關係，不似亞梅和亞若那樣親密；也不像亞若的兩位弟弟浩若、澣若那樣，對亞若雙生兒孝嚴、孝慈的平安長大，付出了具體的苦心與努力。

三、代姐撫孤的弟弟們

章亞若紅顏早逝後，撫育她與蔣經國雙生子孝嚴、孝慈的重擔，落在娘家的肩上。母親周錦華和妹妹亞梅付出極大心血之外，兩位弟弟浩若和澣若也是竭盡所能撫育甥兒，孝嚴、孝慈姓章，就是跟著舅舅姓，至今他倆身分證上父母欄所填的，仍是大舅章浩若和舅媽紀琛的名字。

章浩若比三姐亞若小三歲，由於是長子，從小備受寵愛，生活富裕，過著「天之驕子」的日子。

但這位章家大少爺並未因此養成驕氣。面貌清秀、身材頎長的他，小時候好學上進；成年之後，文質彬彬又才氣橫溢，富有藝術細胞。每逢假日，章家傳出琴瑟之聲，必然是浩若彈琴，亞若唱歌。

浩若的長子修純記得，自幼家裡就備有風琴、小提琴等樂器。印象中，父親浩若也精於社交舞藝，興致一來，就拉著太太在客廳裡滑步跳華爾滋，小孩子們在一旁觀看，開心得拍手叫好，一家和樂融融。

浩若在南昌第三中學讀高中，家裡就為他安排婚事，娶了浩若的同學吳英葵做媳婦。英葵辦理休學，生下長子修純時，浩若還在學校打籃球。據說當時是家中差人前去通知，在籃球場邊大叫：「章浩若，章浩若，趕快回家，太太生了孩子還在打球！」

圖上／章瀞若：亞若的二弟，
與孝嚴(左)、孝慈(右)。
圖下／年輕時期的章浩若。

高中畢業後，浩若考入山東大學讀新聞，接著。第二個男孩修維出世之後，政府對日宣戰，他響應十萬青年十萬軍，加入武漢日報做戰地記者，隨後正式從軍，抗戰前期一直擔任軍中文職的參謀工作。也因此，浩若與妻子和家人長期分離，夫妻情感因而變質，最後以離婚收場。

民國三十二年左右，浩若再娶，與紀琛成婚。

這年，亞若已經去世，章家人傳說，是靠蔣經國的安排，章浩若自軍中退職至貴州銅仁縣做縣長，展開從政生涯。

父親做官，章修純的說法不同。他表示，浩若與江西有名的將領張雪中別有淵源，甚獲賞識，才受到提拔。

修純說，父親具備領導才能與魅力，奉派擔任銅仁縣長並不是靠姐姐亞若的裙帶關係。不過，浩若與蔣經國熟識，修純確曾聽父親說起過。

他隱約記得父親說過亞若去世後，曾在重慶與蔣經國見面，蔣經國還邀他餐敘。

浩若赴銅仁走馬上任，將母親弟妹及外甥孝嚴、孝慈接去同住，負起照養一家三代的責任。

兩年後，浩若奉調轉任遼寧省法庫縣縣長。他隻身赴任，母親與妻子兒女返回故鄉南昌；後來，他又如願調回江西，在距離南昌市區兩百公里遠的浮梁縣，也就是有名的瓷都景德鎮擔任縣長。民國三十八年，就在浮梁縣長任內遭中共軍隊俘虜。

當時，浩若的長子修純、太太紀琛、三位女兒洛洛、銅銅和梁梁都已隨著母親周錦華抵達台灣。他們聽說章浩若被俘，性命不保，又都自基隆上船，循海路返回南昌，以為如此做法有助營救浩若。

誰知道，南昌返鄉行，非但未能幫上忙，一家人卻因為他曾在國民黨政府任縣長公職的「歷史反革命」之罪，遭到被判刑、坐牢、骨肉分離，終至自盡的悲慘命運。

章浩若去世，屍首下落不明，他在台灣的弟弟瀞若未曾得知消息。那一陣子，新竹瀞若的日子也不好過。母親去世，兒女一個個接著出世，好幾次做生意又不成功，處境相當艱苦。唯一值得安慰的，是亞若姐姐的兩位兒子孝嚴、孝慈已完成大學教育各自獨立，未讓母親與姐姐的在天之靈失望。

章瀞若是么子。章亞梅說，小弟弟自小格外受到母親疼愛，父親對他要求嚴格，而且經常拿他與哥哥浩若相比較，斥責么兒求學精神不夠積極。瀞若因而對父親十分畏懼，成長過程中，都是與母親、兄姐在一起，他與母親周錦華的感情也特別深厚。

民國三十八年年中來到台灣時，無所依靠的章瀞若被生活所逼，在新竹中央路居所前擺起貨架，嘗試從商。

結束雜貨店的生意之後，章瀞若賣過米。後來在國民黨新竹黨部兼差，掛名做報社分銷處負責人等等。三、四十年來瀞若做過很多不同工作，他拖著一家大小，日子極為艱苦。

據說，那一陣子蔣經國有意暗中以金錢相助，瀞若脾氣倔強不肯接受，寧可吃苦也不向政治地位愈來愈高的姐夫求救。近幾年，雙生甥兒各有成就，他自己的七位兒女也分別長大，章瀞若得以卸下生計重擔，離開新竹遷來台北。由於雙目失明，健康情況不佳，現在的章瀞若，過著足不出戶的半隱居日子。

瀞若自年輕時，就絕口不提三姐亞若與蔣經國的往事。章孝嚴兄弟回家詢問身世詳情，他也總是不肯承認。直到七十七年年初蔣經國病逝，兩兄弟身世公開，章瀞若仍然拒談過去。有關章亞若生平種種，孝嚴、孝慈兄弟手邊所得到的有限資料，還都是亞若的故舊朋友好心主動提供的。

第四章　童年、早婚、寡居

一、懋李：少女時代的章亞若

章亞若誕生時，中華民國成立才一年半，後來影響她一生的蔣經國也大約剛過三歲生日。當時中國的社會與一般家庭，仍然存著——「重男輕女」，「不孝有三，無後為大」的觀念；尤其在她之前章家已有兩位女孩，在奶奶不悅，母親失望聲中，這位三女兒呱呱落地。

原來，那時周錦華已連生了三位女兒。最大的意外夭折；正式排行老大的懋蘭是長孫女，奶奶尚能接受。老二懋桃又是女兒，老人家十分失望，小嬰兒就被送往外婆家，在舅舅家成長。

第四胎再懷孕，周錦華戰戰兢兢指望是個男孩。婆婆不知何處來的靈感，一心一意認定媳婦腹部形狀必然要為她生孫子，快樂地等待著。預產期接近時，老奶奶歡欣雀躍，在房裡準備了一疊香燭、紙錢，男嬰落地後，要祭拜天地感謝祖先。

兒子章貢濤的心情也跟著上下起伏著。那天晚上時間到了，貢濤向母親報告：「錦華要生了！」

「好，好，好！」老太太終於等到這一刻。她立即差人出門請來接生婆，並且吩咐廚子、下人待命準備。要不是吃長齋忌諱進產房，老奶奶恨不得親眼在床邊目睹小麟兒降世。

等著，等著，接生婆出了房門，她的一句「恭喜得了個千金」，粉碎了奶奶滿心的希望，怒火中燒之餘，禁不住在門外大聲責罵生不出孫子的周錦華。

後來好一段時間，婆婆怎麼看媳婦都不滿意，要兒子打太太，逼得兩人一個打、一個哭地做戲，就發生在這個時候。

父親為新生女兒取名懋李；「懋」是排行，「李」比喻桃李爭豔，紀念她春季出世的意思。

懋李三歲時，「懋萱」，又名浩若的大弟來到人世；盼孫心切的奶奶宿願得償，母親周錦華也鬆了一口氣，不必再為章家香火無人接續而憂心忡忡。

儘管不受歡迎，小懋李倒很爭氣；她有一張秀氣的圓臉，皮膚白嫩，伶俐乖巧活潑，贏得了父母的疼愛。從三、四歲起，就跟在爸爸身邊學詩唸詞、練書法。奶媽段會香回憶說，七個姐妹、兄弟裡，就屬懋李與大弟懋萱特別受父母喜愛，姐弟兩人排行相近，感情也最深厚。

懋李下面，共有大弟懋萱，四妹懋梅、二弟懋宿及五妹幽蘭。抗戰前後，懋李決定改名亞若，弟弟妹妹跟著學，引用了她名字中的「若」字。懋萱改為「浩若」；「懋宿」換成「澣若」；「懋梅」原想叫咸若，父親說她出生時正巧大雪紛飛，第二天梅花開得又挺又漂亮，希望她留住「梅」字。於是懋梅沿用三姐亞若中的亞字，改名亞梅。

亞若懂事後成為家中子女的靈魂人物，似乎是很自然的事；兩位姐姐出嫁後紛紛遠離南昌，大弟浩若負笈山東讀大學，她最年長又一直留在南昌，家中大小事都由亞若照料，父母也極為器重她。民國二十七、八年左右，父親停業不再做律師，家中收入中斷，民國二十八年間逃難，靠家中細軟及積蓄無法過活，亞若與母親、弟妹的開銷都靠她在贛州專員公署的薪水補貼。

亞若讀中學時，奶奶去世。這時二弟（澣若）已經兩、三歲，老奶奶了無遺憾，安詳地走完人生旅程。

在中學裡，章亞若的國文程度比同班同學高出很多。她的字跡娟秀、詩詞文章都拿手，又能歌善舞，和她曾是同班同學的桂輝印象極為深刻，說她那時是南昌女中的風雲人物。此外，章亞若自學而成的平劇唱做俱佳，同儕莫不讚嘆驚奇，她還好教人唱戲，親朋閨友只要喜歡，大都被她說服，做了她的短期平劇學生。

如今已改名南昌第十中學的南昌女中，也叫葆靈女中，在民國十至二十年，是天主教辦的私立貴族學校，教學管理嚴謹，收費昂貴。當年不是有錢人家的小姐，是無緣在這裡接受教育的。桂輝表示，自己和亞若兩人的父親都做過知事或縣長，才有能力送女兒到南昌女中就讀。

初中還沒唸完，桂輝與家人就遷離南昌，與亞若中斷連絡。沒多久亞若畢業，在父母的安排下，與同住在南昌市的遠房大表哥唐英剛親上加親，十五歲就做了新娘。

二、大表哥唐英剛

章亞若的兩位姑媽中，晚婚且未曾生育的大姑媽視亞若這一代章家兒女如己出，疼愛有加之外，二姑媽章金秀也與弟弟貢濤一家情誼深厚。她和先生陶百川所生的五位子女，自幼與亞若姐妹兄弟們嬉戲玩樂在一起情感十分融洽，尤其亞若的二姐懋桃與二姑媽家的二表哥陶端柏結成連理，親上加親後，章、陶兩家更是走動頻繁。在這樣密切的交往中，亞若自然結識了不少陶家的遠親近戚。其中，一位名叫唐英剛的年輕人，是二姑媽排行老四的獨生女兒陶端慶夫家的堂兄，亞若跟著表姐喚他「大表哥」。

「大表哥」身材頎長，體型瘦削，又不多言語，外表看來溫文儒雅，頗有書生的氣質。他的父親早逝，與母親、弟弟唐英武三人相依為命。

在亞若侄兒章修純的記憶裡，曾聽長輩說起唐家原本也是新建縣同鄉，住在生米街一帶，是家業旺盛的大戶人家；另外則有親友以「小康」形容唐英剛的家世。

一位親友推論，無論唐家財富多寡，從當時章貢濤家族的名望與地位看，若非唐家家道不錯，唐英剛又一表人材，章貢濤不會將家中最寶貝的三小姐亞若許配給他的。

唐英剛平日好讀古書，服飾裝扮與言行舉止都保持著傳統士儒的風範，民國十五、六年間，正值社會變遷，英剛算是一位保守型的年輕男子。他十八歲那年，「三表妹」章亞若十五歲，剛唸完初中。她明麗活潑的外表與善解人意的性情，吸引了不少身邊經常接觸的異性。

唐家託人說親，是長輩主動，還是出於英剛的愛慕，現在的親朋好友無人得知。但是，可以確定的是，在母親與姐姐都是早婚的影響下，天真年少的章亞若與唐英剛從表兄妹結為夫妻，似乎是順理成章的發展。

唐、章結親，英剛的母親與亞若的母親周錦華之間的閨中友誼或多或少也扮演了觸媒的角色。

唐英剛堂弟唐宗濟妻子的三嫂，也就是亞若二姑媽的三媳婦陳玉芬一家，目前仍住在南昌。陳玉芬回憶，周錦華與英剛的母親最談得來，亞若與姐姐、弟妹們一向稱英剛的母親表嬸，表嬸沒有女兒，亞若不僅婚前博得她的喜愛，婚後更被她視為親生女兒看待，在家居生活上，幫著亞若打理家務不說，亞若兩度懷孕產子，婆婆也都細心照料，婆媳情感甚為篤厚，祖孫三代共享天倫之樂。

可惜，好景不常，亞若成婚後的第八年，性格內向的唐英剛自盡去世，留下了白髮送黑髮的高堂老母，兩個失怙的幼兒，以及心靈世界才剛啟蒙的年輕妻子，繼續在追尋自我的道途上掙扎摸索。

三、探索

嫁做唐家長媳後，章亞若所面臨的最大考驗，是在接受了教會中學新思想教育的啟迪後，如何仍能遵照舊禮教的約束，無怨無悔，逆來順受地扮演三從四德、相夫教子的傳統中國女性角色。

外在大局面的變化，也隨時衝擊著世道人心。

民國十五年起，國民革命軍北伐的戰事進展順利，擁兵據地的軍閥不再一言九鼎，頤指氣使，江西省也幸運地擺脫孫傳芳軍系的統治。

在這新舊時代的交替下，贛江流域兩旁的江西民眾，逐漸形成普遍反權威的覺醒；北京、上海等大都會知識階層要求揚棄舊價值觀念的呼聲，慢慢傳入江西省城南昌市。

就這樣，一股龐大的社會變遷力量，如排山倒海般地湧向章亞若的內心世界。這時的她，先後生了小名「大衍」與「細衍」的遠波、遠輝兄弟，已由無邪的純情少女，脫胎換骨成為韻致成熟的少婦。二十歲前後，亞若外表的粧扮與內在智慮思緒，都隨著兩位兒子的成長，不時在自我追尋的迷惘與希望中來回搖擺。

經歷幾番掙扎，亞若決定迎向新時代的挑戰。

她足登高跟鞋，燙鬈短髮，換上裁剪合身的新款流行服裝，勇敢地嚐試著新社會的各種新事物。

亞若也試圖為她的角色重新定位。她出外做事，在南昌高等法院上班；交遊廣闊，拓展社交圈；閒暇時攜帶年幼的兒子看電影、逛街、上館子，開闢出一個與上一代婦女完全不同的生活空間。

然而，丈夫唐英剛依舊固守著詩書筆墨；滿足於長袍馬褂、道貌岸然的自持。他和亞若所生的長子唐遠波就表示，搜遍記憶的每一個角落，也無法找到父親偕同妻兒外出休閒玩樂的鏡頭。

唐遠波的印象裡，陪伴著他與弟弟遠輝嬉戲玩耍，上街逛店鋪的，都只有母親的身影。

個性上的歧異，加深了亞若夫妻倆的情感鴻溝。這段表兄妹親上加親的婚姻終於不幸在丈夫自盡的悲劇中收場。

圖上／章亞若遺影。
圖下／作者訪問章家奶媽段會香(右)。

這年亞若二十三歲，遠在蘇聯的蔣經國，已與他的俄國籍妻子蔣方良結為秦晉之好。章亞若新近守寡；蔣經國新婚燕爾，兩人各在天涯一方，際遇、背景和家世南轅北轍。誰也無法料到，四年後，他們會在贛州共譜戀曲，為亞若早已歷經波折的一生，添上更多的慨嘆與問號。

表哥丈夫選擇自己結束生命，對亞若無疑是最大的懲罰。

現實生活中，她上有年邁的婆婆，下有七歲、四歲的幼子，一家四口的生活是一大重擔；精神上，親戚朋友間的流言與內心的自責，對亞若而言，更是無盡的折磨。直到今天，有關唐英剛自盡的前因後果，亞若娘家的親屬還有很多不甚友善的議論。

有一種說法是，唐英剛婚後染上毒癮，因為吸食過量鴉片而死；也有人說，亞若堅持與丈夫離異，英剛受不了婚姻破裂的打擊，以自殺做無言的抗議。

實際情形，亞若的長子目前住在湖南長沙的唐遠波最了解。唐遠波說，鴉片絕對是無中生有。他僅僅高中畢業學歷的父親，生平庸碌，甘於在監獄中當小差是事實，但絕未吸鴉片，煙毒是古板守舊的父親所不可能接受的。

唐遠波認為，個性迥異的父母，是舊式婚姻制度下的犧牲品。「他們倆根本就不適宜結合。」

記憶裡，母親外向活潑又漂亮，她飛揚的神采，不是拘謹內向的父親所能相比的。然而儘管失和，兩人也無法考慮正式結束婚姻關係。離婚，非但當時的社會不允許，家教嚴格保守的章家更視為禁忌。何況，兩家是遠親，夫妻之情割捨得了，表哥、表妹的親屬關係，又豈能輕易斷絕？

因此在與英剛情感日趨淡薄的最後幾年，亞若以右營街娘家為避風港。撫育大衍、細衍的責任，由亞若原稱呼為「表嬸」的婆婆幫忙分擔。

這位不識字，善良純樸的婆婆，對媳婦亞若自始愛護不渝；婆媳之間至亞若去世一直情深似母女。

英剛自盡之後，辦完喪事，亞若正式遷回娘家長期居住，兩位兒子交給婆婆代為照顧。但是唐家的生活費用則由亞若負責籌措。後來抗戰開始，婆婆也帶著孫子跟亞若同赴贛州；之後種種，婆婆都能體諒亞若的苦衷，唐、章兩家始終維持著親密深厚的關係。

據親友指出，婆婆民國六十八年在九十四歲高齡逝世之前，曾多次提起希望孫兒遠波與遠輝，能夠和亞若與蔣經國所生的雙胞胎重聚，她曾說過，但願親眼目睹兄弟四人團圓的話。

婆婆能夠體諒亞若的苦衷，年幼的兒子卻無法釋懷。唐遠波推測，父親自盡，終究是因為母親的關係。再加上贛州的種種，他承認少年時期曾一度恨過母親。成年後回首前塵往事，逐漸體會母親身負娘家、婆家雙重家計的苦楚，對她短促悲劇性的一生充滿感傷。

四、寡居

返回娘家後的章亞若，已經超越無憂無慮的荳蔻年華，她面臨著人生的挑戰。最要緊的，是兩位稚齡男孩大衍、細衍的撫育問題。亞若決定繼續在法院工作，以固定的收入供養婆婆和兒子。

娘家這時仍是數代同堂、食指浩繁。不過，必要時仍是亞若物質上的依靠，心理上也給她極大的支持。

亞若當年在法院工作，確切的職務章家親友已不復記憶，大約也與她後來做的文書或祕書工作類似。那些年在章家做奶媽的段會香依稀記得三小姐在外上班，具體工作地點不很清楚，多少是和省政府有關的機構段會香與亞若朝夕相處，曾時常央求三小姐代她寫信給遠在鄉下的丈夫。兩人相交，不止於僕主之情。在段會香的回憶裡，三小姐最能善體人意，她說，每當要捎信給丈夫，口頭就拉雜零星地向亞若述說一番。但是「每一次她寫出來的，正巧都是我心底裡的意思！」

今年七十六歲的段會香，目前住在南昌市。當年日軍進城她隨著章家逃難，途中失散，帶著由她負責餵奶的二孫少爺，也是亞若二侄兒的章修維，藏身偏僻鄉下，獨力撫養五、六年，才與章家重聚，將孫少爺歸還章家。

章家上下對這位奶媽的義行十分感激，幾十年來，一直與她保持密切來往。抗戰勝利後，奶媽聽說亞若不幸去世，念及亞若生前對下人的關懷和照顧，難過了很久。

段會香還記得，亞若寡居的日子單純平靜。三小姐喜愛書法，每天固定鋪紙練字，要不就看書，空閒多些，就與母親朋友打小牌消遣娛樂，但多數時候只是在一旁做壁上觀。

女紅與烹飪，更是亞若的兩大嗜好。下廚做小菜，裁布縫衣裳，她都很拿手。

在贛州期間，章亞若炒的蛋被譽為美味。有同事還特地封為「亞若蛋」，據說連蔣經國都十分欣賞。

據妹妹章亞梅說，亞若有雙巧手，每當看見別人穿著款式別致的服裝，仔細研究上幾眼，就能依樣畫葫蘆剪裁出類似的新裝。

段會香印象中，三小姐講究打扮，一頭及肩大波浪的鬈髮，配上勻稱的身材，與白皙的皮膚，是章家姊妹和女眷中最漂亮的一位。

亞若也愛笑，講話時總是瞇著雙眼，笑盈盈的臉龐，奶媽至今忘不了。

民國二十八年，逃難至贛州以前，亞若左手指上一直戴著一隻紅寶石戒指，手腕上是亮晶晶的金色女表，薄施脂粉的面龐配上剪裁合身的碎花旗袍，在那個時代，算是頂時髦搶眼的女性了。

傳說中，有男士曾為章亞若癡情至神魂顛倒、揚言自殺；還有謂南昌一位師長級軍中將領郭禮伯強行娶她入門，甚至有人說是納她為妾。種種傳言，多少都與她亮麗的外型，活潑的性向，以及外人不很明白的孀居身分有關。

但是妹妹亞梅、兒子唐遠波、侄兒章修純和奶媽段會香，都以具資格的見證人身分，澄清章亞若被渲染的異性交往關係。

他們表示，從亞若開朗的個性看來，交朋友是有，但其他關係，穿鑿附會誇大聯想者居多，這些傳言都沒有具體根據。

章修純與唐遠波都聽長輩提起過郭禮伯。據他們了解，是因為亞若與郭家夫妻來往密切，彼此拜訪頻繁，進進出出多了，在外人猜測之下起了流言。

無論如何，當時對生命充滿憧憬，又具有冒險、進取性格的章亞若，顯然並不認為自己的一生，真的注定要陷在奉老撫孤的悲慘傳統窠臼裡。

而命運也在冥冥之中牽引著她。民國二十五年，那場發生在陝西，舉世震驚的西安事變，使得蔣經國滯留蘇聯的困境得以突破，也間接地將這位生長在南昌，原本默默無聞的章亞若，帶進歷史的洪流。

第五章　烽火緣

一、蔣經國與江西

西安事變發生時，蘇聯的烏拉山西斯夫魯克地區正是隆冬。寒風凜冽中，在這北方異國即將度過第十二個寒暑的蔣經國，再也想不到少帥張學良劫持父親的槍聲，意外地敲響了他企盼多年的回國之門。

二十七歲已經娶妻生子的他，當然更不曾料到，得償返鄉宿願兩年之後，會以江西做為政治首演的舞台，進而在贛州市，與來自南昌的下屬章亞若，譜出一場悲慘結局的生死之戀。

比章亞若年長兩歲多的蔣經國，出生在老家浙江省奉化溪口鎮，兒時接受私塾教育。成長後，隨著父親蔣中正政治地位的高漲，蔣經國的求知慾跟著上升。十二歲左右，他拜別母親毛夫人，前往上海就讀萬竹小學，接著考上蒲東中學，最後轉往北平進入外語學校。

十五歲那年，熱中於追求新事物、探索新世界的蔣經國，受大環境影響，選擇前往蘇聯留學做為突破生命的第一站。民國十四年十月，他由上海乘船經過海參崴，來到莫斯科，成為孫逸仙大學第一批中國留學生中最年輕的一位。

留在莫斯科兩年半的時候，父親蔣中正在上海發動「清黨」，中國與蘇聯的蜜月關係結束，孫逸仙大學的中國同學大都遭到驅逐出境的待遇，蔣經國卻因身分特殊，被蘇聯首領史達林留置成為變相人質。

有家歸不得的蔣經國，在蘇聯備嚐艱辛，他被迫下農村、進礦場，又去工廠，受盡精神與肉體的折磨。民國二十四年，他在蘇聯住滿十年時，與烏拉山西斯夫魯克的烏拉重機械廠的同事、蘇俄籍的貴娜小姐結婚。民國二十五年十二月十二日，時任軍事委員會委員長的父親蔣中正在陝西臨潼被張學良派兵強行挾持加以軟禁時，離鄉背井的蔣經國已育有一女一子孝章和孝文。

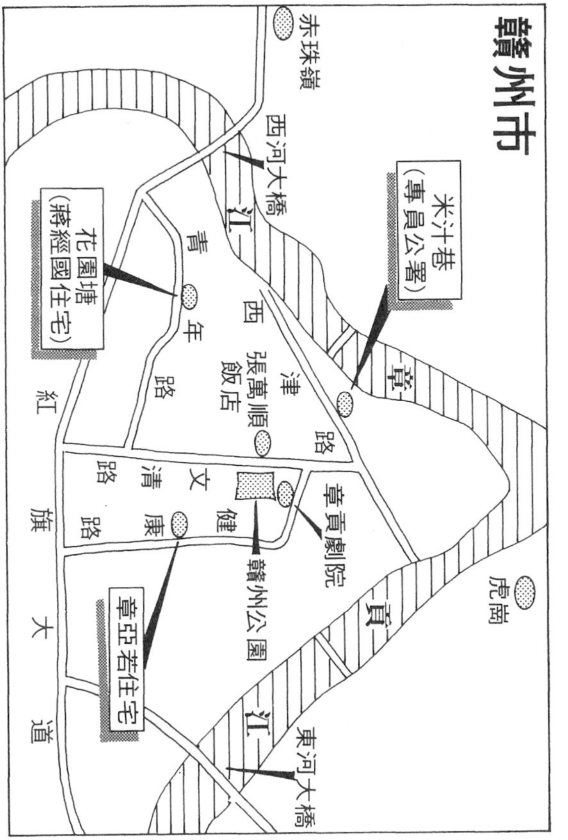
贛州市
米汁巷
（專員公署）
赤珠嶺
西河大橋
花園塘
（蔣經國住宅）
江
青年路
西津路
張萬順
飯店
章
貢
章貢劇院
文清路
健康路
贛州公園
章亞若住宅
虎崗
江
東河大橋
紅旗大道

贛州市簡圖。

臨潼縣，距離陝西省會，舊名長安的西安市大約三十公里，也是轟動國際的秦代兵馬俑的出土所在地。當時蔣中正下榻的住所，亦即唐朝楊貴妃美人出浴的華清池一帶。這棟簡單的平房，中共當局已重新整修而成旅遊重點；連同那天凌晨蔣中正由侍衛陪同，由房間後窗逃出，躲避張學良所屬追捕的狹小山洞，一起開放供民眾參觀。

小山洞右邊的大石台上，中共方面還加蓋了一座涼亭，早年命名「捉蔣亭」，如今改名「兵諫亭」，號稱是做為紀念。

「兵諫」，大有讚譽肯定之意。這也是中共對「西安事變」的歷史定位及詮釋，與國民政府的看法大不相同。

對中國國民黨而言，張學良與部將楊虎城所發動的是「兵變」，後來蔣委員長雖然平安返回南京，但國共被迫再度合作的態勢已成定局，對日宣戰箭在弦上，蔣委員長原先清除共產黨為先，「安內再攘外」的計畫無法實現。在中華民國各級學校的歷史教材中，「西安事變」被認為是製造了使中共藉機坐大，進一步達到赤化全中國陰謀的機會。張學良因而一度被稱做是「民族罪人」。

不過，這位民族罪人，卻是蔣經國的救星。

根據大陸方面的史料記載，周恩來當時奉蘇共幕後指使，斡旋釋放蔣中正，為西安事變安排善後之際，蘇聯老大哥「史達林」認為既然國共恢復合作有望，歸還蔣經國給他父親的時機也跟著來到。

中華民國方面另有說法。有人認為，蔣經國在「西安事變」平息後，得知父親遭軟禁決意犧牲生命時所留遺言，對他這位長子殷殷關注深受感動，透過駐蘇聯大使蔣廷黻幫助，獲蘇方同意終返國門。

不論實情如何，西安事變第二年的三月，蔣經國攜帶妻兒，束裝歸國，與久別的父母及弟弟緯國團聚。

蘇聯的歲月，蔣經國歷經從崇拜到看破共產主義的心路掙扎。其間種種，以日記方式於民國三十七年命名《我在蘇聯的生活》，在上海出書發表。在這之前，他選擇贛州結識的紅粉知己章亞若，聆聽他羈留蘇聯的血淚心聲。他將日記原稿交給亞若閱讀。於是，在一個個不眠的夜晚，章亞若捕捉到了蔣經國的過去，和他心智成長磨練道途中的感慨、唏噓與苦樂。

章亞若正式走進蔣經國的生命中，是民國二十八年春夏之交，但蔣經國來到章亞若的世界，卻是前一年的事。他在民國二十七年年初，奉父親之命赴南昌擔任江西省保安處副處長，一腳踏進了亞若的故鄉。

蔣經國以江西為從政的試金起點，在當時政壇頗引人注目。尤其江西省省主席熊式輝拉攏他的用心，更是波瀾四起，甚受議論。當時對日抗戰已經開始，但是一般南昌市民所擔心的不是政治，他們要設法保命。

尤其日軍攻陷武漢，南昌危在旦夕，面臨日寇鐵蹄隨時入侵的威脅，民眾朝不保夕，人心惶惶，蔣經國來南昌出任軍職，市民們無心也沒有餘力對「太子」的動態抱以太高的期望或關注。

沒多久，大約民國二十七年秋天，蔣經國改調南昌西南的臨川縣，擔任保安司令部新兵督練處處長。

這個轉變，證明蔣經國的領導統御能力，為他的贛南治績奠立基礎之外，也在亞若家中掀起漣漪。

二、蔣專員與「章秘書」

抗戰烽火初起時，亞若與家人仍守在南昌，直到民國二十八年初，日軍攻至城外，才不得不收拾細軟，忍痛與父親分手，偕同母親、弟弟和侄兒們棄別家園，隨逃亡潮南下避難。

這時，大弟浩若已投筆從戎，隨軍隊南征北走。大姊懋蘭與二姊懋桃跟著夫家遠赴異鄉；亞梅妹妹與大姐一起，也不在身邊。留在南昌家裡的姊妹兄弟中，亞若最年長，父母年事漸高，大小雜事很自然地落在她的肩上。重要決定，父母也信賴她，與她商議，視她為一家之主。後來在贛州的兩年半，日夜思念長子的母親周錦華，生活在親離子散的痛苦中，精神上備受煎熬，唯有亞若朝夕陪伴，母女倆相依為命。

赴贛州避難前兩三年，亞若的父親章貢濤就將右營街較豪華宅院出售，換得一萬七千元大洋。

他以其中一部分購置縣前街的一棟兩層臨街樓房後，將所餘款項留做急難之用。

民國二十六年七月七日，中國宣佈全面抗日，章貢濤夫婦想南昌早晚要陷入日軍之手，他們計算著，一旦時局撐不下去，就由太太周錦華攜貴重財物，帶領兒孫逃往贛南後方。章貢濤因健康不佳，難耐旅途勞頓，選擇路程較近，氣候宜人，敵人砲火不易侵擾的廬山避難，一方面也可趁機療養身體。

於是，民國二十八年初離開南昌後，亞若此生就與父親未再謀面。她去世的消息，父親還是在戰事結束返回南昌才聽說。

戰爭中一起逃難，鬧烘烘一大群。有街坊鄰居，也有遠親近戚，亞若二姑媽家的表弟、妹一家，也在同行行列，互相扶持照應。

這一路下來，物資缺乏，交通不方便，加上江西中南部山多路陡，又有贛江穿山過嶺彎彎延延，經常黃泥道上跋涉半天，還得擠上木造渡輪過江，偶爾有車坐，也是人擠人，有窗沒玻璃，車速緩慢的老爺車。

這樣顛簸困頓好幾天，總算來到贛州市西郊西門外，正要鬆口氣，亞若卻發現二侄兒修維和照顧他的奶媽段會香已不見人影。

患難中，親人離散的例子比比皆是。在陌生的贛州尋找失去踪影的奶媽和修維，真是困難重重，亞若與母親設法打探好一陣子，都不得要領後，只好罷手。她們就在西門外分租一幢農民木造平房，暫時安頓下來。

亞若和母親、弟弟、侄兒們逃難至贛州，初期生活尚可由家中攜出的銀錢細軟支持，但亞若擔心日久坐吃山空，決定出外找工作。而且唐家婆婆與兒子在南昌安危可慮，亞若計算著，一旦有固定收入，便將他們三人接來贛州團圓。

正在她苦苦思索該如何邁出腳步，突破困境時，新任的贛南行政專員蔣經國入主專員公署，準備大刀闊斧整飭吏治、民風。消息傳遍了贛州市，本地和因逃難而來的外地青年，紛紛湧向位於米汁巷的專員公署，表達投效門下的意願。章亞若便是在這種情形之下，進入公署工作。

當時，在蔣經國手下任新兵督練處副處長的吳驥，是亞若大弟媳吳霞的兄長，亞若大弟浩若與吳驥是知交，他後來雖與吳霞公開登報離異，跟吳驥之間情誼不斷，彼此保持交往。直至民國三十八年吳驥在江西遭共軍俘虜槍決為止。

章修純從父親浩若那兒聽說，三姑亞若民國二十八年初偕家人自南昌遷往贛州，安頓妥當後，經由當時隨蔣經國轉調贛南行政專員公署、擔任保安副司令的吳驥向蔣經國引荐，進入公署工作，開啟了蔣、章相戀的序幕。

吳驥疼惜亞若如同親妹妹。浩若告訴兒子，「吳大哥」確定自己的長官與亞若墜入愛河的傳言屬實後，曾經氣呼呼地跑到坐落在贛州花園塘的專員官邸，當面詰問蔣經國，只見蔣經國面有難色，苦笑無以對答，似有滿腹不能啟口的苦衷。

亞若入專員公署做事，另外也有人說是她大膽自我推薦的結果。在蔣經國出任專員初期，擔任專員公署主任祕書的徐君虎，就曾公開撰文指稱，章亞若主動寫信給蔣經國，請他安排工作，然後由徐君虎出面約談促成。

目前擔任湖南省政治協商會議副主席的徐君虎，當年與蔣經國在孫逸仙大學有過同窗之誼，他於民國十六年左右回國。曾在贛州為蔣經國效命近一年，後因意見不合而離去，遠赴桂林改任市府科長工作，大陸淪陷後，徐君虎回到家鄉湖南，他的政協副主席職務，與他早年跟蔣經國的淵源多少有些關連。

徐君虎民國七十八年七月在長沙家中接受訪問時，仍然表示他是民國二十八年第一個與章亞若接觸的專員公署長官。

身材高大，今年八十多歲、仍健步如飛的徐君虎說，那是民國二十八年初春的某一天，蔣專員交給他一封信，要他與寄信人一談，看看能否幫忙。

他記得章亞若在信中，痛陳遭人強迫納妾，又被遺棄的遭遇。所謂迫她做妾的，徐君虎從傳聞中得知，是指郭禮伯，而將亞若逼出郭家的，則是郭的元配。這位郭禮伯後來也隨政府遷台，做過縣府主管。

圖上／蔣經國陪委員長巡視贛南。

圖下／徐君虎(右)：當時任
專員公署主任祕書。

不過，這做妾之說，章家親屬一致認為是徐君虎賣文章的誇張，藉以吸引人注意。徐君虎在訪問中，也承認他未曾深入求證亞若做妾的實情，只是聽人傳聞。但亞若在信件中自陳其事，他卻堅持是事實。

徐君虎還說，看完信，他便立刻約見了這位章小姐。亞若的鬈髮、花旗袍與高跟鞋都比當時一般婦女的打扮要時髦。至於外貌，在徐君虎的記憶中，只能說「清秀」。他對亞若的圓臉和高顴骨印象最為深刻。

徐君虎表示，章亞若絕非以貌取勝的美豔型女性。海外有傳說蔣經國驚豔，與章亞若一見鍾情，完全與事實不符。而所謂某某人為政治前途，刻意為蔣、章兩人牽線，更是無稽之談。

和亞若晤談完畢後，徐君虎向蔣經國報告，這位女子工作經歷有限，而專員公署裡也沒有適合她的職務。

蔣經國倒覺得不必拒人於千里之外，他當即提醒徐君虎，可以差她至公署圖書館整理書報資料。徐君虎覺得有理，立即照辦，於是亞若開始到專員公署上班。

徐君虎所敘述的這段往事，由於相關的當事人均已去世，無法求證；吳驥推荐之說，也僅止於傳言，真實情形仍然不得而知。亞若的妹妹亞梅與贛州的同事黃家禎則傾向於自荐之說，至於徐君虎所說的那一段，則兩人都有保留。

自荐也好，他人引荐也好，章亞若獲得專員公署的職務後，工作勤奮，力求表現，倒是那段時間曾與她接觸過的人士，異口同聲公認的事實。

亞若初入公署時，詳細的工作內容家人已無法確定，但據妹妹亞梅回憶，母親曾提起過，亞若因擅長整理會議紀錄，極受蔣經國賞識。

亞梅認為，姊姊亞若反應敏捷、處事伶俐，蔣經國在工作中默默觀察，從肯定、欣賞她的才華，進而相知相惜，陷入情網。

章亞若在公事上力求表現，徐君虎也有一段鮮活的記憶。

他說，贛州市當時空襲警報多，每次日機來襲，總是炸得滿目瘡痍、一片瓦礫石堆，死傷處處。專員公署組織了一個救護隊，由公署成員義務加入，專門幫助民眾處理空難救護及善後事宜。

章亞若主動要求加入救護隊。她的態度積極，每有空襲，立即投入工作隊伍，幫著抬病患，包紮傷口，跑前跑後，十分熱心，時常弄得一身疲憊，衣服上沾滿了血跡也毫不在乎。

這種精神，蔣經國深為嘉許。徐君虎說，蔣專員曾經公開在例行集會時，表揚章亞若的表現，對她備極讚賞。

事實上，專員公署的工作，的確為亞若二十七年的生命，注入了前所未有的活力。她似乎已經從舊社會陰暗壓抑的迷惘中跳了出來，全心全意地塑造著一個新的自我。她脫下合身的碎花旗袍，換上男性化的工作服，過著樸素但充實的戰時生活。

另一方面，她的過去也更隱密地保留起來。贛州結識的新朋友中，沒有人知道她曾經有過一段不幸的婚姻。兩個兒子接來贛州後，她特地把他們叫到一旁，囑咐兒子今後改口叫她「三姨」，莫要再喊以前依南昌習俗而稱的「好媽媽」。

兒子年紀小，似懂非懂的答應了。長大後，大衍唐遠波推想，母親可能是認為在當時的環境下，一位守寡的年輕女性，在外工作難免有許多不便。以未婚姿態出現，應該較能減少社會上的是非議論。

唐遠波還說，母親外型出色，二十六七歲的年紀，看起來卻與二十左右的年輕女孩不相上下。說她未婚，沒有人會懷疑；若指她已育有上小學的孩子，或許反而讓人不能置信。

因此，許多在專員公署與章亞若共事，或一起在赤珠嶺三民主義青年團受過訓的朋友，都不知道她早婚的過去。後來有人傳說，章亞若在南昌嫁過軍長、或早年曾與什麼人鬧戀愛等等，據推測，可能就是從有關她與唐英剛那段不為外人詳知的婚姻中，捕風捉影編造而成的。（註②）

亞若在專員公署的工作，分為兩個階段：民國二十八年初春至年尾，主掌文書；二十九年前六個月，她加入三青團受訓，結訓後返回公署，正式擔任專員助理祕書。

蔣經國最有名的每周一次聽取民怨，公開接見民眾的細節安排，就是由章亞若負責。每星期有一天，她都陪在會客室，指導民眾向他們心目中的「蔣青天」訴苦，並且在一旁做紀錄整理、解釋說明的工作，是專員工作上的得力助手。

蔣、章兩人間的戀情，有人推斷是在這段期間攀至巔峰的。不過，兩人相互吸引，很可能在民國二十八年亞若進公署上班不久，就慢慢開始了。

亞若的初中同學、後來又在三青團受訓期間與她鄰牀的桂輝表示，那一年看亞若插班入幹訓班，並由大隊長及專員公署辦公室人員陪同前來報到，就隱約感覺到「不一樣」。

後來，在赤珠嶺受訓期間某天黃昏，亞若失魂落魄、淚汪汪地向桂輝訴說，她擔心她記載自己愛慕蔣專員這件祕密的日記與信件遭同學偷閱，可能傳揚開來，惹上麻煩。桂輝至此方才確定亞若與蔣經國之間的感情。

三、赤珠嶺上

赤珠嶺，原是距離贛州市區西行車程二十分鐘遠的純樸農莊——赤珠村的所在地。當地村民說低丘式的山嶺，遍佈著赤紅色如小珍珠般圓滾滾的砂石，因而以「赤珠」得名。但是也有人指稱，赤珠嶺，原名「赤硃」，也就是紅沙的意思，是中共後來將之改名為「赤珠」的。

民國二十八年冬天，蔣經國選擇在這裡開辦三民主義青年團幹部訓練班，赤珠嶺名噪一時，意外地在中華民國近代政治史扮演要角。

至今，蔣經國的身影，仍然流連在老一代赤珠村村民的腦海。歷經中共四十多年的統治，赤珠嶺上還有不少農民忘不了三民主義青年團的名聲。

今年七十五歲，世居赤珠村的蕭延接，當年二十來歲。農忙之餘，他會攀上幹訓班班址，一座大農宅四週的土造圍牆頂上，平躺著享受徐徐晚風，另有一番生活樂趣。圍牆之內，蕭延接說原本是以產糖起家的大地主賴老怪的宅院。聽人講，蔣經國徵用此地做幹訓班後，賴老怪就搬遷到贛州市區長住。

這座位於小山丘上，由三棟寬敞平房連接而成的賴家農莊，已由「政府」接收，分派給農民落戶。現在無論外觀或內在結構，都在歲月的侵蝕中凋敝老舊了。尤其，目前住戶擁擠，人畜共處衛生設備又差，整棟建築異味瀰漫，早已失去往日大地主宅院的風采。

倒是農莊右前方的那座白塔，至今屹立不搖。戰爭期間，日本軍機經常以白塔為目標，轟炸蔣經國勵精圖治的贛州地區。幹訓班學員受訓時期，無論朝夕都可偷閒遠眺白塔，數一數對未來前途的憧憬。如今人事全非，白塔依舊在，赤珠嶺上所殘留的，僅僅是村民們心中所緬懷的舊日回憶。

賴家農莊因供做幹訓班而馳名，幹訓班內男女學員的行動作息，也引人好奇。蕭延接用雙手比劃著山下說，當地務農為主的青年人，時常駐足田間小道，仰望幹訓班裡動靜。而蔣經國來幹訓班巡視，更是全村轟動。那種村民聚集在道路兩旁，遠遠注目蔣經國由侍衛人員簇擁跨步而過的情景，蕭延接至今不能忘懷。

在年輕的蕭延接眼裡，蔣經國中等身材，充滿活力。他的衣著永遠平實樸素，一張笑容滿面的大臉龐非常具有親和力。

蕭延接還記得蔣經國身邊侍衛雙手「扛」在肩上的小男孩蔣孝文。那時候，孝文與父親一塊兒視察幹訓班，所到之處極惹人注目。曾聽說當時，七、八歲的孝文擅長演講，有人贊他、要他講話，就能當眾滔滔不絕，說得有模有樣。

身兼幹訓班主任的蔣經國，對幹訓班第一期學員們真是另眼相看。正當幹訓班開訓時，他的母親毛夫人因逃避日機空襲不及而被炸死。蔣經國強忍哀傷，返回奉化縣溪口鎮辦理喪事，在毛夫人出事的豐鎬房後院，立下「以血洗血」的石碑後，回到贛州，提起精神為幹訓班打氣。這近一百五十學員，是他生平首次有計畫培植的青年黨政尖兵，關注之情也格外濃厚。

學員當中不少人，如王昇、許素玉與蕭昌樂等，後來在台灣都曾受到蔣經國的重用。其中王昇一度位高權重，目前是駐巴拉圭大使；許素玉至今仍為國民大會代表；蕭昌樂則擔任過國民黨大陸工作會主任。

蔣經國生母毛夫人突然意外去世，對章亞若一家來講，也是最大的遺憾。亞若的妹妹亞梅說，她後來聽三姊亞若講起，在亞若與蔣經國跨越長官與下屬的情誼，發展為男女愛情後，蔣經國曾允諾將選擇適當時機，偕同亞若返溪口探望母親。

這個構想，對亞若和母親周錦華而言，無疑是蔣經國對兩人情感關係的一種承諾。亞若覺得很感動，也認為那是當時現實環境下最好的安排。

沒想到，毛夫人猝然逝世，亞若滿腔希望落空。後來她與亞梅每次憶及此事，就怨嘆自己的命運多舛，無緣接受毛夫人的祝福。

章亞梅判斷，如果當年亞若確曾隨蔣經國赴溪口拜見毛夫人，她一生的際遇可能也會改觀，說到這裡，亞梅有感於三姊的坎坷身世，不禁長聲嘆息。

毛夫人之死，固然斷絕了章亞若藉拜見毛夫人，以尋求公開她與蔣經國之間戀情的希望，但也可能卻因此進一步催化，助長了蔣、章日後難捨難分的感情。

從時間上推算，章亞若自幹訓班結訓返回專員公署任祕書時，正是蔣經國試著從喪母之痛中勉力振作的時候。

這位一度與父親蔣介石因誤解而情感隔閡的蔣專員，突然失去他一生心心念念視為最大精神支柱的母親，心靈上必定落入了無所依恃的寂寞與無助中，章亞若以集才藝與魅力於一身的紅粉知己身分，在他身旁噓寒問暖，體貼照料，適時提供了另一股精神支撐的力量，很可能也是蔣經國毫無保留地投入真情的原因。

亞若至幹部訓練班受訓，依照她同期同學、也是初中同窗好友桂輝的說法，還是半途插班進來的。

桂輝說，民國二十八年底，她考進三青團，赴赤珠嶺受訓大約兩個星期後的一個周末，到贛州市區閒逛，意外與亞若在街上異地重逢。當時，亞若正與專員公署的女同事吳品清走在一塊兒。認出桂輝後，她驚奇地叫她中學時的原名「昌德！昌德！」直嚷著要知道桂輝的近況。

桂輝告訴亞若，她正在幹訓班接受訓練。

亞若聽了，立即應和說：「那好，我也去，我也要去！」

過了一周，亞若果然來到赤珠嶺。

桂輝記得，陪同亞若報到的，還有幹訓班女生大隊長歐陽欽與專員公署的王修鑑。

事後桂輝追想，亞若以插班生身分進入幹訓班，多半與她跟蔣主任非比尋常的感情有關。

在幹訓班裡，章亞若表現得儼然巾幗女英豪，上課、參加活動都積極用心。

沒多久，章亞若就與同期同學打成一片。王昇、蕭昌樂以及目前仍在台北的王蘊、倪豪等人，都是一起談天說地的新朋友。蕭昌樂形容當時的章亞若，是一位極為能幹、活潑的女同學。

蕭昌樂與王昇都表示，那時候年輕人心境純真，經歷也少，起初無人懷疑章亞若與蔣專員之間有不尋常的關係。蕭、王兩人都是直到亞若赴桂林待產後，才間接得知蔣、章的真實交往情況。

亞若與這些青幹班第一期學員情誼深厚。大陸與香港的刊物近年來迭有報導，傳出亞若曾和九位同學歃血為盟，結為金蘭，並被推為老大，被眾「兄弟姊妹」尊稱為「章大哥」，據說王昇也是其中之一。

對於這樣言之鑿鑿的說法，了解內情的王昇與蕭昌樂，都在接受訪問時，以當事人的身分，對實際情形做了說明。

原來，受訓期間碰上假日時，精力充沛的同學，就會結伴從郊區來到贛州城內，上上小館、逛逛市區，鬆弛一下身心。有一天，亞若、王昇、蕭昌樂、王蘊、倪豪等十位平日走得比較近的同學，又一起到贛州市，遊玩一番後，有人建議合影留念。

相片洗出來後，大家紛紛品頭論足，相片中只見十個人擠在一堆爭著上鏡頭，點子快的同學，立即發揮聯想，說道：「這倒像是金蘭十結義！」

蕭昌樂後來判斷，所謂結拜之說，大概就是出自這段插曲。

如今遠在巴拉圭的王昇，也在越洋電話中澄清外界傳言他們把章亞若叫做「章大哥」這回事。他說，章亞若是位秀氣的女性，她的年紀雖長，外貌卻年輕，再怎麼樣，同學也不至於稱呼她十足男性化的「章大哥」。

第六章　兩情相悅

一、愛戀

赤珠嶺上半年規律、嚴謹的幹訓班受訓生活結束後，同學中，仍然只有桂輝明確知道章亞若與蔣專員之間的特殊情愫，她帶著隱藏內心深處的這個祕密，奉派到贛州以北的吉安一帶三民主義青年團江西支團的地方分團部服務，與亞若暫時分離。

亞若收拾好赤珠嶺上的行囊後，再度返回專員公署上班。同期的王昇、蕭昌樂，也被分發至公署工作。那時二十出頭的王、蕭兩人的職銜為「視察」。「視察」是蔣經國為整飭贛南風紀所指示設置的一項職位，主要責任是組團下鄉巡視贛南管轄地區，嚴格取締娼、賭等不法行為。蔣專員起用幹訓班學員執行這項重大任務，也可見他對學員們的信任與期望之深。

就這樣，蕭昌樂與王昇穿草鞋的足跡遍及贛南一帶，並且相互巡訪過對方的家鄉。深入農村鄉里的工作中也包括陪同蔣專員視察。很多時候，章亞若就是專員出差探民隱身邊成群隨員中的一位，兩人日夜相處也是名正言順。

以類似祕書身分隨行的章亞若，除了伴隨專員打理大小瑣事，還兼做「記者」工作。她發揮敏銳、細微的觀察力，將專員關切民瘼、地方建設的舉動與言行詳細的記載，返回贛州後撰成稿件，交給蔣專員非常重視的正氣日報發表。

亞若筆下的才情，深深地看在蔣經國眼裡，終於使這位欠缺男女交往經驗的專員完全撤除心防，終於與她陷入情網。

亞若以公事名義陪同蔣專員巡視贛南窮鄉僻壞之地，目前住在大陸，了解她當年專員公署蔣、章內情的人士有此一說之外，她當年在專員公署做事，如今定居台灣的老同事中，也有人表示記憶中確有此事。自大陸贛南時期就追隨蔣經國做事的蕭昌樂，針對章亞若目睹蔣專員上山下鄉，親民愛民實景返回贛州後撰成稿件發表在報紙上的說法接受訪問時表示，他的印象中章亞若確曾如此這般的「客串」女記者。

但是，那段時期接近蔣經國的人士中，卻有完全截然不同的說詞。有人說她做的工作是書記，並非祕書，並且強調蔣專員出外巡訪民間從無女性陪同。

更有舊日部屬認為，章亞若在專員公署的職務低於祕書或助理祕書，但實際職位，也未能確知。但他們並不否認漆高儒所透露章亞若曾在蔣經國與民眾會談時擔任記錄之事。

漆高儒在專員公署的職掌，以處理蔣經國與工作有關的個人事務為主，屬於機要室。而同時間主管新贛南建設行政業務的主任祕書，是目前居住台北市的周靈鈞。

這位朋友口中最為知曉蔣、章往事者，已自公職退休後，沈浸在誠篤寧靜的宗教世界裡。周靈鈞在受訪時僅表示，章亞若確實聰穎、活潑可人，對她與蔣經國的一切，只說與大部分贛州時期的同事一樣，是事後才聽說的。

「書記」職稱，主任祕書周靈鈞不復記憶。這種南轅北轍、人各一詞的現象，據一位贛州青幹班「校友」分析，主要是因為蔣經國身邊朋友、部屬與隨員十分多，加上蔣、章相戀過程隱密，第三者從自己所知道的位置觀察，自然是各有各的角度。

蔣經國與亞若交往，亞若的鄰居、親友跟著緊張。那時期，與奶奶周錦華、三姑亞若一起住在贛州市區，目前已改名健康路的江東廟一帶，一幢老式建築裡的章修純笑著回憶，有好一段時間，每隔一兩天，晚間八九點鐘，家門前就會響起隆隆的引擎聲。

大雜院裡正在打小牌消遣的婦女們，慌忙地將桌上的麻將藏起來。她們知道，那位痛恨民家聚賭的蔣專員來了。

探訪部屬的家庭，在當時也是蔣經國專員的領導風格之一。年輕的蔣經國與僚屬的年紀差距不大，平素相處親近融洽，經常拜訪下屬的家人，他的夫人方良女士與一兒一女孝文、孝章在街上走動，市民也爭相與他們打招呼，並未視為特殊權貴。所以，蔣經國造訪章家，在初期，一般外人並不以為意，並不覺得有何特殊之處。

然而，亞若的母親周錦華似乎明白其中玄妙。亞若的大侄兒章修純說，每次蔣先生來，進門後總是恭恭敬敬地喊奶奶一聲「伯母」，就與三姑亞若進房間裡談天。修純年幼，湊熱鬧跟進房間，經國先生笑呵呵地從口袋裡掏出糖果來安撫這六七歲的小男孩，而奶奶往往也在一旁阻止修純打擾兩人。

奶奶對蔣經國的觀感如何，當時年幼的修純無法感受，如今只朦朧地記得，奶奶「挑剔」蔣經國鼻頭上皮膚不平整，似有凹凸的疤痕，暗地裡稱他為「麻子」。後來亞若猝逝，周錦華負責撫養孝嚴、孝慈，一些話當著外人不好明說，有好幾年的時間，「麻子」竟然意外地成為蔣經國在章家人口中的代號。

除了嫌經國先生的皮膚不夠理想之外，他已婚、有兒有女的背景，多少也使得周錦華感到苦惱。但是，章亞梅揣度母親當時的心情，認為處在那個兒女積極爭取自主的時代，母親又能說什麼呢！

何況，亞若年輕守寡多年，情感生活一片孤寂，看著她自與蔣經國交往後，精神愉快，振作奮發，做母親的也無由置喙了。

但是，即使母親再不干涉，亞若與蔣經國在贛州賃屋同居，在那時的環境下，也是不可思議的發展。亞梅與修純都否認了外界所謂他倆共築愛巢的傳聞。

至於亞若在房裡貼滿了蔣經國照片，以示仰慕專員之情的說法，亞梅與修純也斥之為無稽。

專員公署的首任主任祕書徐君虎，也認為「同居」之說是奇譚。他說，贛州地方小，方良女士又住在當地，蔣經國不可能太為所欲為。

曾在專員公署做事，目前住在台北的漆高儒，卻曾撰文回憶他應蔣經國之邀，赴章亞若閨房用餐的往事。他在接受訪問時也說，在感覺上，那是蔣、章兩人共享的小天地，事實如何，他身為下屬，也不便詢問。

不論蔣經國與章亞若私下如何相處，在公事上，從亞若自赤珠嶺幹訓班結訓後，至第二年秋，兩人之間關係密切，幾乎形影不離卻是公認的。這一年多，章亞若平素除了在米汁巷專員公署蔣專員身邊，做祕書之類的工作之外，偶爾在方良赴重慶探望公婆時，也奉派至花園塘專員官邸幫忙照顧孝文與孝章，她在那裡過夜留宿，一般認為，是極有可能的事。

據說，方良女士還時常向亞若請教唱戲之道。喜好教戲的亞若，一度還認真地做過專員夫人的平劇家教。方良擅長的那齣國劇「蘇三起解」，有人指稱就是亞若教唱的。

桂輝並說，亞若還與孝文、孝章十分投緣。她表示，曾聽人說起叫亞若為「章小姐」的孝章，年幼時曾「童言無忌」似地說過「爸爸喜歡章小姐」的話，但這一說法，從未得到旅居美國的蔣孝章證實。

亞若唱戲與評戲的才藝，也深深吸引了蔣經國。如今坐落在贛州公園正門對面的章貢劇院，當時就是蔣專員夫婦聽戲度周末的地方。章亞若是公署裡少數戲唱得好的女同事，有餘興節目時她登台唱戲，有模有樣，蔣經國在台下看得如醉如癡，欣賞之情充分流露，

圖上／章亞若閨房，蔣專員常在此過夜。
圖下／章貢劇院：蔣專員與亞若聽戲之地。

旁觀的有心人都看得一清二楚，並在私下爭相走告。

二、動情

蔣經國愈來愈藏不住戀愛的喜悅了。儘管小心翼翼、不輕易曝光；但在許多場合中，年方三十的他經常情不自禁地流露出他對章亞若的愛戀。

徐君虎說，他離開專員公署後，大約民國二十九年間，有一次與公署舊日同事聚晤，他們像報告驚人新聞般告訴他，蔣專員與章亞若之間正進展著「不尋常」的感情。

這些同事說，個性豪爽、愛熱鬧的蔣專員喜好在公忙之餘與好友同仁小酌數杯，有時候不勝酒力，難免醉倒。以前，他無論怎麼喝，都無人敢出面制止，大夥兒總是迎合著專員的興致，陪他飲到底。

可是，那一陣子，飯桌上新加入的常客章亞若卻是唯一有勇氣，也有能力勸阻蔣經國放下酒杯的人。

徐君虎記得，據那些同事形容，每當秀氣嬌小的章亞若輕言婉語，笑盈盈地在一旁低聲要專員為健康著想，節制酒量時，蔣專員不但毫無慍色，而且立即依言放下酒杯，照著亞若的勸告，不再喝下去了。

這一來一往之間的濃情蜜意，加上蔣經國那種「戀愛中的男人」的行止，看在旁觀者眼中，猶如「奇蹟」。他們簡直不敢相信，這位贛南民眾眼裡自信、獨立、外號叫「蔣青天」的鋼鐵強人，竟然在章亞若的淺笑軟語下變得這樣順從服貼，私下都好奇地議論不已。

當時在專員公署做統計工作的黃家禎說，等到大部分專員公署的同事多多少少都聽說蔣專員與章亞若情投意合之後，大夥對待章亞若的態度，也大為改觀。當時公署中流傳著章亞若最具影響力的說法。有門路的同事，遇上棘手困難的公事要向專員報告，又恐怕專員發怒斥責時，就設法央求章亞若緩頰。

章亞若為什麼令蔣經國動心，由於缺乏出自蔣經國的第一手資料，旁人並無法確切得知。當年的一位親近部屬最近表示，經國先生是革命家，不是輕易對異性動情的典型，章亞若如非具有特殊吸引專員的氣質，很難博得他的真心。

這位部屬舉例說，贛州名氣響亮的蔣專員，是抗戰期間全國各地不知他已成家的未婚女性心目中最理想的對象。祕書們為專員處理信件，經常可看到主動大膽的年輕女性，寫信向蔣經國傾吐愛慕之情，並且表示願意以身相許。

這些仰慕者中，不乏大學女生。其中一位就讀成都大學的富家女兒，三番五次以誠懇筆調請求蔣經國接納她的情感，連秘書助理們讀了都極為感動，蔣經國卻始終是落花有意，流水無情。

興致高的時候，他還會發揮幽默感，在屬下呈交的一封封「粉紅色信件」上批上「請某某人參考」的字眼，鼓勵為他做事的年輕男性發動攻勢。

蔣經國也曾與老朋友徐君虎開過玩笑，交代他若是對某位來信者有意，可以主動追求。除了用情謹慎外，蔣經國中意亞若，據推斷也不是只看上她搶眼的外表。青幹班學員中有人就指出，論容顏、身材，青幹班一期學員中，比亞若條件優異的大有人在。蔣專員獨獨情鍾章亞若，想必不是以美貌取人，他對她是動了真情。

黃家禎與章亞梅的描述顯示，亞若的溫柔、體貼、善解人意，撤除了蔣經國的心防，他將留蘇日記手稿交付亞若，又在毛夫人去世後，將毛夫人生前最喜愛的一牀綉有鴛鴦圖案的灰色絲質被面送給亞若。這種種都代表了他的一片真心。

那牀被面，以灰色為底，邊上一長條蘋果綠底的鴛鴦戲水畫面，章亞若視之為珍品，

圖上／贛州虎崗：蔣經國故居。
圖下／黃家禎(右)：章亞若之結拜妹妹。

一直帶在身邊。後來在桂林家中遭竊，亞若著急地不得了，直到警方幫忙尋回才安心。亞若去世後，據好友桂輝說，還是她親手捧著被面交還給神色黯然的蔣經國的。

除了這件被面，蔣經國還曾將一隻蘇聯製手表、奧國製真皮皮夾等戰時不易見的珍貴物品，一件件地轉送給亞若。

或許也是出於對亞若「身分」無法公開的一種補償，蔣經國雖然未曾公開承認他與亞若的戀情，但當兩人情感發展至高峰時，他已不忌諱在親近好友面前，公然以行動表明他與亞若的關係。

一位章亞若當年的同事，曾經告訴章孝嚴，在贛州期間，專員曾與亞若共同主持晚宴，邀請好友歡聚，席間，蔣經國曾向大家表明與亞若訂立婚約的意願。

蔣經國對待章亞若，除了男女之愛，也有一分心靈相通的知己之情。他將留學蘇聯的日記手稿交給亞若閱讀整理，亞若的義妹黃家禎就認為是一種性靈上的信賴與託付。

黃家禎在贛州與亞若同住在一間大宅院內。她回憶說，蔣經國視亞若為推心置腹的知己，將他尚未公開出版的留蘇日記交給亞若評賞。亞若讀後非常感動，忍不住又私下交給義妹家禎共同閱讀。家禎清楚地記得，那些日記手稿，都是蔣經國親筆以中文撰寫而成。

蔣經國敞開心靈，讓亞若走入他舊日的苦難世界，分擔他所經歷的一切悲苦喜樂，似乎意在將這位紅粉知己接納到他生命的過去、現在和未來之中。至此，兩人情感日益密切。

身為蔣經國滯留異域多年後、回到故國結識的第一位異性知交，亞若非但善體人意，又聰明伶俐，她很能了解蔣經國的好惡和品味，亞若在言行舉止上，凡事以蔣專員的喜好為主，這般的周到體貼，終於網住了蔣經國的一片真情。

亞若的善解人意，她的表妹，目前住在南昌的陳玉芬有深刻的體驗。

陳玉芬與亞若一起逃難至贛州，彼此就住在附近。她記得，亞若有一回特地跑來向她借一件陰丹士林布的旗袍，說是要見蔣專員，必須給他好印象。

原來，亞若知道，推崇樸實的蔣經國不喜歡婦女妝扮得過分花俏，「抗戰制服」陰丹士林布旗袍必能贏得專員的肯定。

就這樣，蔣章兩人的戀情，在專員公署同事與好友的「保密」下，繼續發展下去。其間，公署裡還流傳出專員夫人方良女士無法忍受，一氣之下一度離家出走的說法。

據說，方良女士從花園塘家中遷出，搬到贛州東郊半山虎崗地帶的兒童福利院住了一兩個月，以行動表示抗議。蔣經國兩面為難，飽嘗了婚外情帶來的痛苦。

但根據接近蔣經國家庭人士的判斷，贛州期間的蔣方良，對蔣章之戀毫無所知，直到亞若去世，蔣經國遷至重慶，而後又轉來台灣後，才隱約聽說雙胞胎兒子的存在。

在花園塘公署家中，亞若得空也教專員的子女孝文、孝章寫字、讀書，與專員家人相處融洽。種種跡象顯示，方良女士極可能不知道章亞若與蔣經國之間的交往情況，明白內情者，也無人敢向方良打小報告。

關於方良女士「離家出走」這一段傳聞如今無法獲得證實，但是虎崗福利院倒是確有的機構。這個地方也是蔣經國備受讚賞的贛南治績之一。他在虎崗辦了一所兒童福利院，專門收容孤兒及棄嬰，給他們正規教育，頗具成效。

依照蔣經國原先的計畫，是要將虎崗發展成為贛州的文教中心，並興辦小學、中學。可惜後來他調職赴重慶後，計畫擱置。現在的虎崗，仍是以農業為主的鄉村。曾被蔣經國用做辦公室或臨時住所的一幢兩層樓房，中共當局將之稍事整修，掛上寫著「蔣經國故居」字樣的白底黑字小木牌，聊表紀念之意。

蔣經國重視教育，章家人也獲益良多。亞若的妹妹亞梅、兒子唐遠波、唐遠輝都曾在蔣專員辦的難民小學就讀。

亞梅說，蔣經國與三姊交往，來訪章家次數頻繁，平素住校的亞梅也經常與他相遇。有好幾次，蔣專員到難民小學巡視，亞梅擔任隊長，喊口令、整編隊伍，蔣經國見到站在隊伍最前頭的亞梅，笑著微微頷首，似乎有「一切盡在不言中」之意。

唐遠波與遠輝兩兄弟，在亞若懷孕赴桂林待產後，仍然一直留在贛州念書，並從難民小學升入蔣經國親任校長的正氣中學，也算是蔣經國親手培育的子弟兵了。

至於唐家兩兄弟與亞若的關係，章亞梅及章修純都說曾聽家人提起，蔣經國不但知道，而且甚為諒解，還主動協助亞若，在經濟上支助唐家婆婆與兒子。

然而唐遠波本人卻有不同的說法，他判斷母親很可能不敢向蔣經國承認這段過去。不過，母親遷往桂林後，曾公開與兒子通信，遠波倒是記得很清楚。至今他腦海中還存著與「麗獅」兩字有關的住址印象。母親當年為何離開贛州，唐遠波並不明白其中隱情，沒想到不久又從外婆，也就是亞若母親周錦華那兒得知媽媽突然去世的消息，雖然始終不明就裡，唐遠波還號啕痛哭了一場。

第七章　桂林產子

一、餞行

初秋的夜晚，贛州市區中正公園右側文清路九曲巷內，專賣江西風味小吃的張萬順飯館裡，茶房夥計正忙著張羅飯菜。

一張八、九人座的圓桌前，蔣經國正以他一貫略帶沙啞的低沉嗓音，要眼前的賓客用菜；一旁的章亞若笑意盎然，殷勤地招呼著身邊的朋友。賓客們熱誠的回應著，飯館裡人聲嘈雜；門外，月色逐漸升上西空。

這是民國三十年秋天，蔣經國在贛州為章亞若舉辦餞別晚宴的情景。

如今，中正公園已更名為贛州公園；文清路不再是贛州市區最寬敞的大道；張萬順也早已不知所踪。但是，身為當晚賓客之一的桂昌宗，始終清晰地記得那晚上。

他表示，那天亞若邀請赴宴的，都是她的好友，有幹訓班的王昇、倪豪，專員公署的周姓同事和桂昌宗，當然還有昌宗的妹妹、現已改名桂輝的桂昌德。

桂昌宗不知道同席者心裡是否明白聚餐的用意；他與妹妹倒是曉得，亞若懷了蔣經國的孩子，已經三四個月了。為避免招人議論，她與蔣經國商量妥當，在身材變形前，啟程赴廣西桂林，在那兒找一處安靜的住所待產。

那天的晚宴，由蔣經國特地出面為亞若餞行。從當時他所處的環境看，這個舉動，是對亞若極大的禮遇，也意味著他在知道亞若有孕後，對亞若地位的某種肯定。

但是桂昌宗口中，也是賓客之一的王昇在接受訪問時，對張萬順餞行宴，已無法尋回明確記憶。他隱約記得，那時他正忙於籌辦訓練班，晝夜不分，當時或許的確有專員邀約聚餐之事，但他好像因為公務過於繁忙而沒有趕去飯館赴宴。

王昇說，他與大多數亞若同期學員，都是事後才聽說她突然離開贛州赴桂林，為的是待產。那一陣子，青幹班一期同學為了連絡情誼，每隔一段時間便印發一次通訊錄，分送學員。亞若產子的消息傳出後，主編通訊錄的同學為交代亞若行蹤感到十分為難，思索再三後，才在章亞若的名字下，寫上「赴桂林養痾」五個字。

亞若的妹妹章亞梅表示，三姊告訴她，蔣經國在得知亞若有了身孕之後，曾經允諾關於亞若的身分，將來會有適當的安排。

蔣經國所指的安排究竟是什麼，由於亞若猝逝，蔣經國後來又絕口不提往事，因而成了永遠無法真相大白的謎。不過，據當時在蔣專員身邊工作的一位親信觀察，在接受亞若有孕、即將生子這樁事實的心路歷程中，年輕的蔣經國確實備嘗掙扎之苦。

這位親信揣摩蔣經國當時的心情，「一定是矛盾極了」。蔣經國一方面明白自己的地位特殊，又正開始在政界初試啼聲，禁不起任何醜聞或流言的破壞與打擊。對於他與亞若之間這段情的處置，必須分外謹慎小心。

另一方面，蔣經國對章亞若確實也是動了真情，得知她懷了自己的骨肉後，更是驚喜多於意外。蔣經國婚姻中已有的一子一女，都帶著一半異國血統，討人喜愛，但一般人看來，總覺得像「洋娃娃」。他與亞若的孩子，卻是道道地地的黑頭髮、黑眼睛、黃皮膚。

這對去國多年卻仍抱持中國傳統思想的蔣經國而言，不能不算是另一種補償。或許在情感上，也比較容易博取國人、甚至父親蔣中正的諒解。

於是，既興奮又擔憂的蔣經國以對外掩飾、對「自己人」公開的兩面態度，處理他與章亞若日益複雜的關係。表面上，他對亞若總是與對待其他下屬一般，謹慎地與她保持距離。

可是，碰上心情好，興致高的時候，蔣經國總又邀同事朋友赴章家小酌便餐。亞若愉快地穿梭忙碌於賓客和廚房間，準備酒菜的倩影，與一旁蔣經國開懷暢飲、高談闊論的情景相對照，再遲鈍的人也能感受到一股充滿愛意的溫馨。

蔣經國就在這種隱瞞也不是、公開也不是的矛盾中掙扎，心中的痛苦可想而知。做過蔣經國專員公署手下的漆高儒就說，蔣經國在亞若離開贛州數月後，曾拿出一張亞若與一女扮男裝人士的合影照片，裝做若無其事地指著那位「男士」說：「章亞若結婚了，這就是她的丈夫。」

漆高儒不好當面揭穿長官，心裡雖然疑竇叢叢，在口頭上，對蔣經國近乎童稚的行為，卻仍連連稱是，表示知曉。蔣經國內心的衝突可見一斑。

亞若請好友桂昌德同赴桂林，其間還有一番周折。

原來自從民國二十九年中幹訓班結訓後，桂輝就被派往贛州東北方臨川、南城地區的三青團分團部服務，與亞若分開的這段時期，桂輝的哥哥桂昌宗在妹妹的介紹下，卻與亞若日漸熟稔，結成無話不說的好友。

抗戰前留學日本，在明治大學讀新聞的桂昌宗，是響應抗日救亡運動而放棄學業，加入建設新贛南的行列。他最初在專員辦公室做類似祕書的工作，之後轉任正氣日報編輯、抗戰通訊社記者，民國三十年初，奉蔣經國之命，主持新贛南書店經理業務。

那年八九月間的一天，亞若來找桂昌宗聊天，吐露了懷有專員嬰兒的祕密。她並且央求昌宗儘速找到妹妹昌德（桂輝），請昌德陪她一起到桂林待產。亞若還說，公署裡有刻意拉關係的人主動表示願意同行，亞若擔心靠不住，未予同意。

桂輝收到哥哥的電報後，立即整裝回到贛州。她聽亞若講起桂林之行的原由後，本來有些畏懼，擔心此行責任艱鉅，猶疑不決，無法拿定主意。

可是，桂輝轉念一想，「士為知己者死」，身為亞若的密友，她義不容辭，允諾亞若陪她共赴桂林了。

亞若與桂輝的桂林之行，是蔣經國做的安排。他請部屬王制剛，在餞別晚宴後的第二天，桂輝說她就陪著亞若，自贛州經湖南瀏陽，轉四川重慶，再循水路抵達桂林。當時，王制剛放下手邊的公務，對外宣稱他到重慶出公差去了。

二、待產

在桂林，章亞若一改她在贛州陪專員四下出巡、探訪民情的活躍風格，變得隱名埋姓、深居簡出了起來。平日交往的人士，除了受蔣經國之託，幫忙照料亞若生活的廣西省政府民政廳長邱昌渭夫婦，和邱的同道知交外，就只有麗獅路住宅的房東、一對陳姓教授夫婦。

這些朋友，大都以「蔣太太」稱呼亞若。偶爾有人私下稱呼她為「二夫人」，亞若也不在意，只是安靜地等待產期的來臨，甚少與外界接觸。

亞若之所以這樣做，保護蔣經國的令譽是主要原因。據桂林文物工作隊隊長趙平探訪得到的資料顯示，章亞若在桂林前後住了差不多一年的時間，行蹤確實極端保密謹慎。否則以那時各路人馬爭相擁入大後方桂林的情勢看，任何與蔣經國有關的風吹草動，尤其是足以醜化他形象的消息，都可能很快地被當時與國民黨作對的新聞機構公諸於世，使蔣經

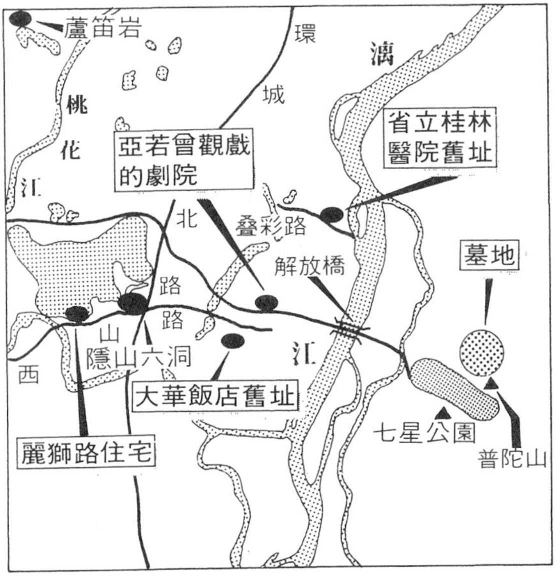

章亞若在桂林時期活動圖。

國與父親難堪。

為了保密，亞若與贛州蔣經國信件往返，均以化名相稱。蔣經國叫蔣慧風；亞若叫蔣慧雲，這風與雲之間的關係，也顯示了蔣、章兩人纏綿的相思之情。

蔣經國選擇讓亞若到桂林生產，除了考慮當地天然岩洞多，躲避日軍空襲方便之外，趙平判斷，當時尚未淪入日軍之手的地區中，就屬省立桂林醫院的醫療設備最好、水準最高，亞若生產較有保障，也是個重要原因。只是造化弄人，誰也未能料到，在這裡產下新生命的章亞若，最後竟然也在這裡嚥下最後一口氣。

初到桂林的前兩三個星期，房舍還沒有著落，亞若與桂輝暫時棲身在一家名為「大華飯店」的旅館裡。

這幢四層樓高的旅館，坐落在桂林最熱鬧的中山路上。在民國三十二年遭日機炸平前，是全桂林最豪華的旅館。今天，這個地方已重建為一個規模不小的公營照相館了。如今的桂林市，大小旅館林立，一般年輕市民早已不知道以前曾經存在過這麼一幢建築了。

但是今年八十四歲，曾在國民政府服務過的謝和會老先生世居桂林，對此地的變遷瞭若指掌。根據他的指證，證明了桂輝記憶中當年她與亞若下榻的那座大華飯店，確實曾是

圖上／贛州市張萬順飯館舊址：蔣經國
在此爲亞若餞行。
圖下／章亞若秘密赴桂林下榻的大華飯店舊址，
人事、景物現已全非。

過往旅客的重要落腳之處。

大華飯店的對街，就是水色秀麗的榕湖。平日無事，亞若喜歡在黃昏時到湖畔散步。她一方面期待小生命的到來，一方面又為自己的將來感到茫然與不安。而且由於失去了工作，沒有收入，亞若與母親一家的家計重擔，此時都已由蔣經國接手承擔。

亞若大侄兒章修純回憶說，那段時間，蔣經國同時也負擔了亞若唐家婆婆與兩位兒子的生活費用。他聽家人說起過，蔣經國曾不止一次地鼓勵亞若，多寄錢給唐遠波與遠輝兩兄弟。

這段經過，當事人之一的唐遠波無法證實。他只記得在母親遷往桂林後，仍與母親保持連繫。他曾寫過包含「麗獅」兩字的住址，寄信給母親。

麗獅路的房子，是邱昌渭向一位在廣西大學執教的陳姓教授分租來的。亞若在一切安頓妥當後，就由大華飯店遷來居住，直到她去世。

這幢平房在桂林市郊西山一帶，位置偏僻，一點也不引人注目，三面環山，容易躲警報。西山的名勝古蹟多，其中以隱山六洞最負盛名，洞內的送子娘娘與老君石像，是章亞若的精神支柱。她經常與桂輝至洞內膜拜，祈求神明賜福。

桂輝表示，亞若認為洞內的送子娘娘非常靈驗，順利生下雙胞胎兒後，曾多次前去祈

圖上／桂輝(昌德)：亞若青幹班同學，
陪她在桂林生產。
圖下／桂昌宗：桂輝的哥哥，亞若猝逝時在場。

禱還願。據桂輝推斷，疼愛亞若的蔣經國，也曾在亞若的慫恿下，同赴西山隱山六洞，在神明之前，立下白首偕老的誓願。

蔣經國到桂林探望亞若，大都是以公務赴重慶、途經桂林為藉口，避開外人的耳目。為求謹慎，一位了解當時內情的屬下透露，蔣專員甚至還曾利用化妝手法改變造型，掩飾自己的真實身分。而他身邊由父親蔣委員長指派保護他安危的貼身侍衛人員，也幫著保守機密。

有時候蔣經國也以赴桂林探友或談公務為理由，訪晤亞若。徐君虎就說，他自專員公署轉往桂林市府工作後，有一天蔣經國到桂林，差人約他會面，邀他返回公署做事。事後，徐君虎判斷，蔣經國那次到桂林，可能就是為了與章亞若相見。

為了進一步防止行跡洩露，蔣經國抵達桂林後，通常並不直接赴亞若居所，總是很小心地將所乘汽車停在距離麗獅百餘公尺遠之外，再步行而來。

桂輝與亞若請來幫忙照料新生兒的妹妹亞梅記得，蔣經國每次來桂林，多半在品嘗亞若親自下廚料理的小菜後，留宿一晚，第二天一早，用過亞若沖調的麥粉牛奶後離去。

這樣一次又一次的相聚，就是亞若在桂林異鄉生活的最大期盼。後來有了雙胞胎，蔣經國每次一進門，就雙手捧起兩個兒子，一左一右地抱在膝上逗弄。那幅父子同樂的畫面，章亞梅和桂輝兩人如今想起來，都忍不住落淚，直說「永遠不能忘懷。」

在桂林，亞若還結識了一位女性知己。這位女士在章亞梅的記憶裡叫做劉文卿，但是桂輝說是女詩人「劉文欽」，當時在桂林一所中學教書，經友人介紹與同樣雅好詩詞的亞若結為好友，經常到麗獅路拜訪亞若，與亞若交換賞析詩文的心得。

劉文欽是位十分前進的女性，她寫新詩，服飾妝扮也與眾不同，喜好穿著男性西服，一副年輕俊男的模樣。

漆高儒指稱蔣經國出示給他看的那張亞若與一位「女扮男裝」者合照的相片，很可能就是劉文欽與亞若的合照。

桂輝說，心軟的亞若樂善好施，曾拿出兩三百元私房錢給劉文欽出版詩詞。亞若去世，劉文欽也離開桂林，後來意外與章亞梅在重慶相逢，還做了亞梅和陶端柏的證婚人。

三、大毛、小毛

瘦弱的章亞梅怯怯地走進省立桂林醫院婦產科病房時，三、兩位護士正好併肩走出來，她們抬頭，其中一人搶著說：「你是蔣太太的妹妹吧！你們長得真像！」

護士小姐轉回頭，熱心地朝裡面叫著：「蔣太太，你的妹妹來看你了。」

亞梅走進病房，面色蒼白但神情平靜的三姊亞若躺在床上，她張開雙眼笑著對妹妹說：「你來了就好，剛才『阿哥』已經知道了。」

「阿哥」指的是新生雙胞胎男嬰的父親蔣經國，從那天起，章亞梅就稱呼蔣經國為「阿哥」，一直到現在。提起曾經位居中華民國元首的蔣經國，七十多歲的亞梅依然習慣稱他為「阿哥」。

雙生子是早產，比亞若的預產期早約三個月來到人間。章亞梅從贛州專程趕來桂林，到了麗獅路後，聽說三姊已因陣痛劇烈，送到省立醫院了，於是亞梅立刻趕到醫院照料產後的三姊。

這是民國三十一年初春，剛過完農曆春節，天氣還有些冷冽。當天的日期大約是正月二十七號，亞梅回憶說，她在到達醫院後，停留沒多久，就隱約感覺到有些餓了。當時，病房裡的護士小姐正忙著為病患準備午餐。她計算著，兩個小侄兒出生的時辰，約是早上八九點左右。

由於早產，不足月的兩個小嬰兒一出世，就被送進保溫箱中，亞梅第一眼看到小兄弟倆時，曾吃驚於他們兩人體型的瘦小。

醫院裡的醫生與護士，顯然明白「蔣太太」的身分。他們答應盡全力照顧嬰孩。疲憊的亞若放心地進入夢鄉休息。亞梅也度過她千里迢迢趕抵桂林後，緊張又興奮的第一天。

亞梅在亞若離開贛州後，仍然住宿在難民小學念書。民國三十年底，亞若請人帶信給母親，要她通知亞梅結束學業，收拾行李，趕來桂林幫忙照顧即將出世的嬰兒。

亞若找妹妹來幫忙，是迫不得已。她很可能已自例行的產前檢查中，得知自己懷的是雙生兒，不得不早做育嬰的計畫。

戰爭期間，找保母非常困難，亞若為此費盡心思。同住的桂輝農曆年前返家鄉南昌探望祖母，答應幫忙找一位奶媽，但一直沒有著落。亞若沒法子，最後決定請亞梅來幫忙。

亞梅準備自贛州動身赴桂林時，正巧桂輝的哥哥昌宗為了開辦新贛南書店桂林分店，必須有一趟桂林之行。於是他陪著亞梅抵達桂林，也一同趕到醫院，看到瘦小的新生雙胞胎男嬰。

昌宗記得胎兒的腳掌有特殊紋路，他還曾經好幾次向做母親的亞若說，這種腳掌紋表示兩位兒子將來必定都很成器。

亞若順利產下雙生子，立即以電報告知蔣經國。七天後，她出院時，蔣經國特地趕來桂林，在麗獅路歡喜地等待著母子三人回家。

亞梅還記得，她陪著姊姊乘坐一輛黑色轎車，自醫院返回家門，正要抱侄兒下車時，個性活潑的三姊拉住她說，要跟「阿哥」開個玩笑，先不要告訴他嬰兒那個大、那個小，「要他猜！」

亞梅要蔣經國猜，「阿哥」也不負眾望，他笑著仔細端詳了兩個兒子後，當即毫無錯誤地指出誰大、誰小。

目睹這般的父子天倫，亞若開心極了。她覺得蔣經國是真心珍惜這一對雙生子。

亞梅也感染到這愉快的氣氛，跟著頑皮起來，她撇撇嘴，指著嬰兒巴掌大的小腦袋說：「看你的這兩個兒子，又瘦又小，像小貓咪一樣。」

「貓咪？」蔣經國呵呵笑了起來，他低下頭對一左一右、擁在懷中的兩個雙胞胎兒子喊道：「大貓！小貓！」

就這樣，雙胞胎得了大毛、小毛的乳名，此後，不但父母、親友這樣喚他們，自懂事起，孝嚴、孝慈兄弟也一直以大毛、小毛自稱。

這是章亞梅的說法，桂昌宗與桂輝兄妹卻堅持，雙生子是以住宅所在地「麗獅」路為乳名。他們說，哥哥孝嚴是麗兒，弟弟孝慈是獅兒。

而且，麗兒、獅兒兩兄弟還認過義母。目前住在北平的章家友人劉則智表示，她的母親劉尊一（則智從母姓）就是曾任交通部長的潘宜之的夫人，當年受託做蔣經國這兩位雙生兒子的乾媽，還贈送過銀碗、銀筷給兩位義子做紀念。

這一切，桂輝雖然也同意，身為往事見證人之一的章亞梅卻都全部否認。在她的記憶中，侄兒們根本從未有過乾媽，也沒聽過麗兒、獅兒這樣的乳名。孝嚴、孝慈則說他們兒時使用過的銀器，是章家原有的東西，並非任何人的禮物或紀念品。

雙胞胎兄弟倆滿月時，他們的父親蔣經國來探望亞若與兩個孩子，這次，他還帶來了兩兄弟的學名：大毛叫蔣孝嚴，小毛叫蔣孝慈。

「蔣」孝嚴、孝慈！章亞梅強調，蔣經國不僅依蔣家第三代的「孝」字輩分為雙生子命名，而且告訴亞若雖然沒有正式的婚姻，兒子仍應該姓蔣。亞梅表示，三姊死後，孝嚴、孝慈交由外婆周錦華照管，為了安全起見，才在他們三歲多，念托兒所前，由亞若大弟浩若以父親的名義為他們報戶口，從蔣姓改為章姓。亞梅說，報章姓戶口前，孝嚴、孝慈的外婆周錦華曾設法知會蔣經國，獲得蔣經國的同意後，才採行這一無奈的權宜之計。

孝嚴、孝慈降世的消息，另外有一種說法，指稱是由親近先總統蔣公的侍衛人員秉報蔣夫人宋美齡女士，再由她轉告蔣公的。

當年在情治系統工作的一位張姓將軍，曾向雙胞胎兄弟描述那時的情形。他指出，那位林姓侍衛人員將亞若母子的事告訴蔣夫人後，夫人聽了很高興。

有一天，夫人同蔣公共進午餐時，夫人說道：「恭禧你，經國生了兩個雙胞胎兒子，你添了兩個寶貝孫子！」蔣公驚奇「噢」了一聲。接著，夫人又將亞若與蔣經國相戀生子，作一簡單的說明。

張將軍說，不久，蔣經國赴桂林，蔣公也在那個地方。有一天陪蔣公外出散步，蔣公面詢情形，蔣經國據實呈報。蔣公指示：「好，好，好好的照護他母子，暫時千萬不要張揚。」

張將軍並強調這段經過是聽林姓侍衛人員親口說的。

關於孝嚴、孝慈由祖父命名，並承襲蔣家姓氏，亞若的弟媳紀琛，與紀琛的姊姊紀珍，也有所聞。

已移民美國，目前住在洛杉磯的紀琛，民國三十二年前後與浩若在河南洛陽成婚。據浩若第一次婚姻中所生的長子章修純表示，紀琛嫁入章家後，遠在桂林的亞若已經去世，紀琛未能與「大姑」亞若相識，不過對日抗戰末期，她隨丈夫與婆婆周錦華及孝嚴、孝慈重聚，從家人的追憶中得知亞若生子、病逝的來龍去脈。

紀琛與同住在美國的姊姊紀珍，都從亞若親屬口中，聽過大、小毛原本姓蔣的說法。但是有關如何從「蔣」改隨母姓「章」，紀家姊妹的記憶卻與章亞梅不同。

紀珍說是來台定居後，才更改姓氏的。不過，生前與亞若朝夕共處，並曾協助撫育嬰兒的章亞梅，堅持自己的記憶正確。依照母親周錦華與哥哥浩若的原意，是準備避過風頭後，再將孝嚴、孝慈的姓氏還原為「蔣」。

雙胞胎出生後蔣經國頻頻來訪桂林，表現出他對亞若母子的一片真心。亞梅說，每次「阿哥」來，還沒進家門，面龐上就堆滿了笑容，直嚷著要抱兒子。憶及往事，亞梅及桂輝眼前都浮現蔣經國左右手各抱一個兒子的景象。她們都說，蔣經國對他與亞若的骨肉衷心疼愛，可是一點兒也不假。

蔣經國當年在專員公署的部屬與青幹班一、二、三期的學生中，有許多人在遷台初期先後追隨他在國防部政治部做事，其中大都年高自公務退休或已屆退休之齡。蔣經國主政贛南時期忠心耿耿的侍從人員，也有人正在台北市郊過著半隱居生活。他們當中對蔣經國與章亞若自贛州以至桂林的種種，大都有所耳聞，甚或親身從旁觀察。據其中人士表示，亞若好友與妹妹描述的桂林父子相見及亞若待產育子的實情，他們並不在場，不能加以評述。但有人堅稱，根據他的了解蔣經國赴桂林探望亞若的次數不像章亞梅和桂輝所說的那樣頻繁。

亞若十分珍惜與蔣經國相會的時光。通常在蔣經國神情愉快地逗弄完大、小毛後，講究情調的亞若會設法安排一段與蔣經國獨處的時光，兩人在房間裡談笑，由亞梅負責看顧雙胞胎。

亞梅說，三姊與「阿哥」閒聊，話題無所不包，天南地北，似乎永遠也說不完。興致高的時候，兩人還會交換字條，以文字交談。亞梅幽默地說：「大概是寫一些怕我聽到的情話吧！」

隨著兒子的成長與蔣經國的探望，亞若過著幸福的家居生活。她在蔣家的身分雖然仍舊陰晴未定，但大部分時間，亞若都把心思放在雙胞胎身上，指望兒子能為自己帶來應有的名分和幸福。

桂輝記得，有一次大夥在門外乘涼，亞若雙手環繞著兩個兒子，絮絮述說著等他們長大後的各種計畫，臉上充滿了期待和憧憬。

兒子是亞若去世前半年生活的全部。她偶爾也應邱昌渭夫婦之邀去聽戲、吃飯，或者乘船至風景秀雅的陽朔鄉下度假，但雙胞胎總是擺在第一。一位朋友說，那年夏天有一次在劇院聽戲，突然雷雨交加，亞若看天氣大變，立刻自座位上跳了起來，說要趕回家去，擔心兩個兒子受到驚嚇。

雙生子的衣裳、小鞋等，也都是亞若親手製作的。章亞梅說，三姊很有創意，她把一塊布剪成圓形，四周縫上線，往中間一拉，收攏了就是一雙小鞋。

雙胞胎長到三個月大之後，育嬰工作益加繁重，亞梅便和亞若分工照顧，大毛由亞梅負責，小毛則是跟著亞若的時候多。至於民國三十一年夏天，亞若去世後，照料嬰兒的工作則由孩子的外婆周錦華和亞梅接了下來，亞梅始終照顧大毛孝嚴，而弟弟孝慈則歸周錦華看管。

第八章　生離死別

一、猝逝

半歲以前的孝嚴、孝慈，在克寧奶粉的滋養，和母親、姨媽的細心呵護下，瘦小的身軀逐漸漸茁壯，兩顆小腦袋特別突出。亞梅記得，他倆滿百日的那天，亞若帶著兒子赴邱昌渭家中作客，可愛的小兄弟倆贏得賓客滿堂讚賞。擁著這樣一對娃娃，亞若真是心滿意足極了。

當時外在的大環境，仍是一片混沌。珍珠港事變後，為了爭取盟邦支持，軍事委員長蔣中正夫婦奔走忙碌，章亞若在蔣家的地位與身分問題也一拖再拖，毫無音訊。

亞若的大侄兒章修純聽家人說過，眼看孩子日漸長大，雖然有著做母親的喜悅，亞若內心對於孩子的名分問題卻也日益焦急、無法按捺。她開始趁蔣經國來桂林的時候，用柔情與淚水催促他早日將兩人關係合法化。另一方面，她也開始請家庭教師苦學英文，似已打定主意，一旦無法解決母子三人的地位問題，就要遠走異邦。她不肯再這樣委屈自己，長期躲藏在妾身不明的陰影中，無法公開見人。

亞若堅持爭取名分，主要也是為了兒子著想。她不只一次地告訴亞梅，說她不能讓大、小毛的身世不明不白。

事實上，這個時候蔣經國的從政之路分外坎坷，正面臨著許多障礙。

有不滿意蔣經國在贛南強悍作風者，向他的父親告狀，指稱這位「太子」在奉行蘇聯學來的社會主義領導方式。為了平息各方非議，並進一步鍛鍊兒子的能力，蔣中正已打算把蔣經國調離贛南；蔣經國也開始將工作重心放在戰時的陪都重慶。這一切，再加上對亞若母子的牽掛，蔣經國所承受的，無疑是極大的壓力。他未嘗沒有在為亞若母子合法的身分努力，但是時機顯然並不恰當，就在這種複雜的情形下，民國三十一年夏季的一天下午，正在贛州為公務繁忙的蔣經國，如青天霹靂般接到桂林打來亞若突然病故的電報。

哀傷逾恆的蔣經國以一封寫給亞梅與桂輝的專函，表達了他心中的哀痛。這封信，他交由前一年護送亞若赴桂林的親信王制剛，兼程在亞若去世的當天夜裡送抵桂林。

章亞梅和桂輝都清楚地記得，蔣經國以「悲哉，痛哉！」做為這封充滿傷痛的信件開頭。亞梅和桂輝兩人聽著聽著，淚流滿襟，為亞若毫無預兆的猝死感到茫然不解和悲哀。

亞若去世時，除了亞梅、桂輝之外，她的大姐懋蘭與桂輝的哥哥桂昌宗，當時都在桂林。如今這些人之中，懋蘭已經病逝。亞梅、桂輝和桂昌宗對亞若自病發至亡故，不到二十四小時的情景，各有不同的記憶。

但他們一致記得，亞若去世的前一天，還生氣盎然、充滿了活力。前一天傍晚，她應邀赴一場晚宴，午夜返家後，感覺腹痛不適，第二天早上進醫院治療，卻就此一去不返，死在醫院裡。

亞梅與桂家兄妹也都同樣認為，亞若並非自然死亡，他們懷疑，亞若是遭人謀害致死的。回憶三姊亞若去世那天的種種，對如今年事已高的章亞梅，可說是殘酷的。四十多年了，想起那天，她還是忍不住淚水盈眶。

章亞梅說，亞若去世前一天下午，桂輝來訪，兩人談了一會兒，亞若告訴亞梅，說她要到友人家赴宴，叮囑亞梅帶好大毛小毛，然後就離去了。

記憶中，桂輝與亞若一同赴宴。亞梅在家照顧雙胞胎，與當時因肺病前來桂林療養的大姊懋蘭共進晚餐後，就哄著小嬰兒要他們入睡了。

直到夜裡很晚了，亞梅才聽見三姊亞若返家的聲音。她從房裡走出來，一看嚇了一跳。面色蒼白的亞若東搖西晃，說不出話來，她掙扎進房，倒在牀上，臉上露出十分痛苦的表情，大姊與亞梅忙著找家中的急救藥品，要亞若服用。

折騰了一夜後，第二天清早，亞若又痛苦得雙手抽筋，緊抓著牀單。亞梅忙著照料雙胞胎，不記得三姊是如何被送往醫院的。只知道，到了下午，竟然傳來消息，說亞若已經病逝省立醫院了。

亞梅記得，那天下午兩三點鐘，還看到桂輝不聲不響地進了家門，與哥哥昌宗私下說了一些話，她也沒有留心聽。沒多久，她四下找大姊懋蘭，卻不見她踪影。原來不知道什麼時候，大姊懋蘭已經收拾行李，離開麗獅路，不知去向了。

這一切，加上亞若猝死，在年輕、見識又淺的亞梅心上，蒙上了一層狐疑不解的陰影。直至今日，她仍不明白大姊為何匆匆不告而別，而桂輝兄妹倆，在亞若去世前後的行踪，她也一直在心中存著問號。

桂輝與哥哥昌宗對亞梅的懷疑和不諒解，多少也能體會。近幾年，桂輝多次設法與曾在桂林同住數月的亞梅聯絡，卻都得不到熱情回應，顯然亞梅內心仍有芥蒂。年長的桂輝了解亞梅的心境，她提出的解釋是，當年她與哥哥昌宗及章家大姊懋蘭發現亞若死得離奇，慌亂不已，心中充滿恐懼，無暇向年輕、天真的亞梅做太多解釋。

桂輝證實，亞若是在外出赴宴回家後，開始上吐下瀉的。但是那天，桂輝並未隨同赴宴，她記得亞若說，做主人的是邱昌渭。

桂輝說，她在第二天早上陪著亞若去省立醫院看病，並且以電話通知了當時正巧來桂林出差的哥哥昌宗。

一個上午，桂輝都在醫院的走廊上等著，大約十點或十一點的時候，突然聽說亞若在接受醫生注射後病情惡化，而陪在亞若身邊的昌宗聽醫生囑咐到街上購買醫療要用的冰塊。半個小時不到，亞若就去世了。

桂輝懷疑為亞若注射針劑的醫生有問題。她滿懷恐懼地與哥哥回到麗獅路，由於亞梅年紀小，怕她受到驚嚇，所以沒有將醫院中發生的事情詳細向亞梅交代。

桂昌宗兄妹兩人，從那天起，無時不刻也為自身的安危擔心，他們遠離贛州和桂林，數十年來，生活在恐懼之中，桂昌德之所以改名桂輝，主要也是因為這件事。她表示，曾聽說當年那位在桂林醫院為亞若注射的醫生試圖打聽她的下落，似乎意在尋她滅口。直到數年前，桂輝得到那位醫生去世的消息，才放下一顆惴惴難安的心。

那天上午陪在亞若病牀旁的桂昌宗對整件事有更明確的記憶。他說，接到妹妹的消息，趕到醫院時，亞若已完全恢復了。她躺在病牀上休息，見到昌宗，還開心地請他坐下談天。昌宗還記得，亞若說著說著又提到她的「地位」未定，禁不住神色悲傷、眼淚滿眶。幾分鐘之後，一位王姓醫生拿著針筒來了，先試著注射亞若的右手臂，沒法插進血管，繞過牀，替她在左手臂打了一針。

亞若揉著手臂上打過針的地方，看著醫生跨出病房門沒幾秒鐘，突然尖叫一聲：「哎呀！不好了！」她對著桂昌宗大喊，說自己眼前一片漆黑，看不見任何東西，隨即昏迷過去。

桂昌宗嚇呆了，他奔出病房找醫生，護士聽到他的呼喊都趕了過來，一時房中人聲吵鬧、腳步凌亂倉促。有位醫生說要使用冰塊，吩咐桂昌宗趕快到街上去買一袋。

在街頭上四處找尋了二三十分鐘，總算買到一袋冰塊了，桂昌宗趕回亞若的病房，只見牀邊都是人，擠不進去，他踮起腳也看不見牀上的亞若。正惶惶然間，他早先熟識的省立醫院院長走到身邊，交給他一張病危通知單，他還記得，單子上寫著的病危症狀，是「血中毒」。

院長沒有做進一步解釋，桂昌宗也慌了手腳，幾分鐘後，人群散去，醫生宣布急救無效，亞若已逝，屍體要送往太平間冰存。

之後的一個下午，都在混亂中度過。當好不容易冷靜下來後，桂昌宗與妹妹桂輝及亞若的大姊懋蘭都意識到，這可能是一次謀殺。他們心中恐懼極了，懋蘭可能就是在這種極端害怕的情形下，匆忙離開桂林。桂昌宗與妹妹則留在麗獅路，與奉蔣經國之命前來料理後事的王制剛會合，親耳聆聽王制剛讀出蔣經國信件中表達的傷痛與遺憾。

二、喪事

驚聞亞若猝死，章亞梅輾轉一夜難眠，第二天上午，由好心的朋友陪同，來到省立醫院見三姊最後一面。

太平間裡，亞梅只見雙目緊閉的三姊面色雪白。亞梅低頭飲泣，身旁的醫院人員勸她，人死不能復生，請她節哀。隨後，兩三個工人走上前，開始依當地習俗，為亞若的屍體纏繞保她靈魂平安的絲棉，準備入殮，亞梅不忍再看下去，她心中惦記著，麗獅路家中還有一對不滿七個月大就失去母親的雙生小外甥，等著她照料。

章亞若的喪事，也是由邱昌渭幕後打點的。參與籌辦喪葬雜事的人士中，有一位叫蘇樂民，是當時桂林市郊廣西省警察訓練所的教務主任。民國七十三年，他在中共追懷近代名人事跡的政策下，以廣西自治區南寧文史館館長的身分，寫了一分報告，記述民國三十一年他奉命為一位「蔣委員長的媳婦」辦理喪事的經過，後來，經由桂林文物工作隊幾番查證，證實所謂的「蔣委員長的媳婦」，正是章亞若。可憐生前一心想獲得蔣家認可的亞若，死後方才意外地得到「委員長媳婦」的稱號。

據文物工作隊考證，蘇樂民服務的廣西省警察訓練所是為培養警界人才，於民國三十年四月成立，開始招訓。所址在鳳凰嶺側斜對面白面山一帶，原來是廣西幹部學校的舊址。每一期招收學員一百至兩百名，受訓六個月後分發服務。依組織章程規定，所長由廣西省府民政廳長兼任，因此當時的廳長邱昌渭也是蘇樂民的長官。

圖上／前省立桂林醫院：現在「桂林第二人民醫院」，
亞若猝逝於此。

圖下／蘇樂民：當時服務於廣西省警察訓練所，
奉命為亞若辦喪事。

蘇樂民回憶說，他接到邱廳長的電話，說有要事，召他到省府民政廳見面。邱廳長對蘇樂民說：「江西贛南蔣經國專員的夫人章亞若，在省立醫院逝世了，你負責去埋葬她。現在給你四百元買棺木、衣服及所需物品，入殮後，乘省府汽車運到白面山附近安葬。」

蘇樂民接受命令及指示後，急速趕到醫院太平間去，只見一張白布蓋著章女士的遺體。他揭開來看，這位女士大約二十七八歲，面孔長得有些像當時的電影演員胡蝶。

蘇樂民說他到市面上買了青色旗袍一件、鞋襪各一雙，及香燭、紙錢、鞭炮與價值一百多元的棺木，並且找了六位專門替人入殮下葬的工人「土作佬」，到醫院太平間為死者清洗著衣，入殮蓋棺後，於下午兩點多到達墓地下葬，幾個小時後就立碑安葬完畢了。

蘇樂民還說，辦完喪事後十多天，邱昌渭轉來一封蔣專員寫的感謝信，內容完全是感謝他殮葬的辛勞，蘇樂民也並未回函專員。

亞若下葬，在當時，也是祕密。前一天，省警察訓練所的學員奉命砍伐蘆葦雜草，讓挖墓工程能順利進行。學員們只曉得這趟小小的公差，與一位「蔣委員長媳婦」的墳地有關。他們曾順口向附近的農民提及此事，農民中有人對於這件事仍有記憶。目前仍住在東江地帶的農民王冬臣與王冬保等人都表示，民國三十一年左右，確曾耳聞或目睹一位「名人」下葬。他們在幾年前，章家親友尋訪與查證亞若墓地時，提供了極大的助力。

鳳凰嶺墓地，依桂昌宗的說法，是他與妹妹及朋友們決定的。鳳凰嶺屬於馬鞍山側的山嶺，位於桂林有名的灕江東岸，早年叫做東江區，如今更名「七星區」，嶺的形狀像一隻展翅飛翔的鳳凰，因而得名。

桂昌宗說，根據風水，鳳凰嶺鳳首正下方鳳腹部分，不僅左右有鳳翅護衛，前景開廣，遠處有群山圍繞，儼然是幅「百鳥朝鳳」的圖畫，象徵源遠流長，是很好的墓地所在。他們選擇在此處埋葬亞若，還遇上一個奇特的現象。

桂昌宗記得，鳳凰嶺山麓岩石居多，工人挖掘墳地時，發現很難挖出寬度足夠容納一副棺木的空間。他們正在發愁，準備取釘錘鐵鎬慢慢敲打出一塊空間時，突然發現土中岩石相接處，正好有一塊四周圍著大石塊的中空地帶。

這個空間的大小，恰好足以放下亞若的棺木，使得工人能夠迅速順利地完成下葬封墓的工程。

桂昌宗與桂輝都不復記得亞若下葬時，亞梅與雙胞胎是否曾至現場。不過，亞梅表示在她的記憶裡，自己曾帶著外甥赴鳳凰嶺為三姊送葬。

辦完喪事後，桂輝說她將亞若遺物略事整理，帶著蔣經國贈送的那牀織錦被面，赴贛州見蔣經國。這牀深具紀念意義的被面，亞若一直將它帶在身邊；居住麗獅路期間，亞若房間遭竊賊侵入，被面也失踪，心裡曾焦急的不得了，後來由警察局破案，才找回這個紀念品，了卻亞若一番心事。

那位幫忙破案的刑警謝風年，四年前曾公開接受桂林文物工作隊訪問，證實他奉命抓賊，替亞若找回失物的往事。

桂輝還記得，失去亞若的蔣專員神情黯然，臉上一反常態地戴了一副墨鏡。她心中推想，蔣專員可能為亞若的猝逝而痛哭過，為掩飾紅腫的雙眼，才戴上了墨鏡。

桂輝從未見蔣專員如此憔悴不振。她印象中的蔣經國一向是生龍活虎、談笑風生的。面對亞若的摯友，蔣經國力持平靜。他依然像過去那樣十分禮貌地稱呼桂輝「桂小姐」，關心垂詢她的生活狀況。但是當桂輝將那牀原為毛夫人所珍愛、後由蔣經國贈送給亞若的被面交還給蔣經國時，他再也顧不得桂輝就在面前，傷心地哭了起來。

三、謎團

章亞若猝然亡故，粉碎了她有朝一日「扶正」為蔣經國夫人的夢想之外，更留下了若干至今找不到答案的謎團。在錯綜複雜的猜忌與推測下，有關當事人長期惴惴不安不說，兩位雙胞胎兒子的成長過程，也好幾度籠罩在生命安危遭威脅的恐怖陰影之中。

這齣悲劇事件中，最令人不解的，是章亞若出外一餐飯後，為何忽然身體不適？更奇怪的是，簡單的腹痛與腹瀉，在送進醫療水準很高的省立桂林醫院後，竟然一針斃病？最正統單純的解釋，是這一針用錯藥劑，命薄的章亞若命喪庸醫之手。從現代醫學觀點看，這種現象不是沒有可能。

可是，醫學界人士也不排除，一位了解病人體質的醫生，足以憑藉一支藥劑，取掉病人的生命。

亞若的好友桂輝和哥哥桂昌宗就在這個前提下，懷疑章亞若是不幸落入了謀害者的圈套之中。他們推斷她的猝逝與她死前一天所赴的晚宴有關。那天的晚宴是邱昌渭邀集的。

亞梅與桂輝言之鑿鑿與邱昌渭共進的晚餐，究竟是否事實；席間還有什麼人同坐，也都難以水落石出。不過，邱昌渭夫人曾在美國向友人表示，邱昌渭與章亞若之死毫無關連。一位不肯公佈姓名，但深信章亞若確遭毒計謀害的人士，在一次談話中曾幽幽地表示，那晚大概是用「藥」太輕，第二天還不罷休。他慨嘆地說，可憐章亞若不明不白地被奪去性命之前，還要忍受一夜體膚之痛的折磨。

他的談話證實章亞若去世前確曾外出赴晚宴。

亞梅與桂輝經常提到的王制剛與邱昌渭兩人，多位當時與他們熟識的人表示，這兩人的確深獲蔣經國信賴。而邱昌渭據說曾於民國三十八年來台，並曾在政府中任職，民國四十五年去世。他的夫人及女兒現居美國。關於在桂林受託照顧亞若一事，邱昌渭生前未曾公開向外界透露隻字片語。許多當事人均已去世，使得亞若的猝死之謎更添神祕色彩。

章亞若在贛州的同事，對於她的突然去世，私下都表示懷疑與不解，但是基於對長官蔣經國的尊重，這四十多年來，他們也都三緘其口，不曾發表任何揣測和議論。

事實上，局外人也無從推測判斷，或許只有蔣專員本人最了解實情，如今這唯一可能解謎的人已去世，亞若的死因也許將成為永遠的懸疑了。

桂輝及桂昌宗等人關於亞若去世經過的敘述，如今已無法尋找其他的在場人士來證實。而現已改名為桂林第二人民醫院的省立桂林醫院中，已無人能夠說明當時的治療和急救過程，章亞若在該院生子乃至死亡的病歷文件，也在大陸多年的動盪變化中不知去向。

關於亞若的死因，章家親友自然也不免各有猜測，他們懷疑是蔣專員身邊的情治人員自作聰明、盲目護主的愚忠行為。

徐君虎就表示，亞若去世前數周，有兩位在贛州專員公署做事的祕書級人員前來桂林，詢問徐君虎何處可以借到車子，他們計畫載章亞若出遊，路經山崖時將她推下去「害死」。

徐君虎聽後大吃一驚，斥責他們不該有如此自作聰明的害人想法。兩人激動地答辯，指稱蔣專員在贛州勵行新政，不准民眾「亂搞男女關係」，如今卻與章亞若有了雙胞胎兒子，對外如何自圓其說？他們還擔心，此事若張揚出去，被人當作把柄，可能會誤了蔣專員燦爛的政治前程。

儘管這兩位部屬「愛主」心切，自以為是地設計著，徐君虎說，他認為他們不可能太囂張，於是把他們罵了回去，不准他們在桂林做傷天害理之事，沒想到亞若後來還是遇害了。

另一位曾在專員公署做事的漆高儒也有過類似的經驗。他同意徐君虎的推測，可能是蔣經國的手下私自行動，謀害了章亞若。

第九章　撫孤

一、外婆、萬安、銅仁

風沙愈來愈大了，周錦華沿著贛江緩緩步行著，雙眼不時眺望遠處的街頭，擔心一不小心，就要錯過女兒章亞梅的身影。

從贛州風塵僕僕來到這個地理位置偏僻，民生落後的山中小城萬安縣後，周錦華還未能從三女兒亞若突然病故的傷痛中恢復平靜。她無心欣賞此地環山傍水、樸拙天成的自然景致，一心盤算著要及早適應新生活，負起撫育未滿週歲的外孫大毛與小毛的責任。

亞若在桂林去世後，據說是蔣經國透過親信和「伯母」周錦華商量，請她儘速從贛州遷居至萬安，幫忙在那裡照應他和亞若的新生兒。

萬安一直是江西中南部較貧窮的縣分，至今仍是中國大陸典型的落後農村型城鎮。全縣中心地帶就只有兩條交叉的十字街，街邊建築以兩層高的木板屋為主，街頭盡處就是贛江碼頭，江上水上人家載浮載沈，過著無法落地生根的飄游生活。萬安民風純樸，如果不是物質生活過於貧乏，這裡倒是一個遠離塵囂，適合隱居修身養性的山城。

萬安縣，也是蔣經國在贛南行政專員任內，多次巡訪駐足所在。他對萬安的貧困感受深刻，請準岳母來這裡暫時居住，一方面是不希望大、小毛出現在他仍主政的贛州，有避人耳目的目的；另一方面可能是看萬安離贛州不遠，可就近照顧周錦華祖孫之外，此地地形上又有防禦日本軍機偷襲的優勢，安全上較無顧慮。

蔣經國對「萬安」情感深厚，充分流露在他為章孝嚴的兒子命名為「萬安」的用心當中。據指出，章萬安於民國六十八年初出世時，章孝嚴向父親蔣經國稟報。當時任中華民國總統的蔣經國正帶領全民上下度過中美斷交的衝擊。孝嚴喜獲麟兒，適時慰解了老人家的憂國之心。他告訴孝嚴為孫兒取名「萬安」，以紀念雙生兄弟幼時成長的地方。

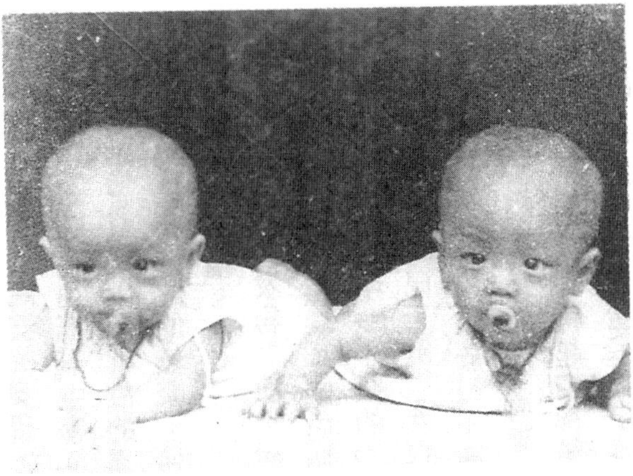

圖上／嬰兒期的孝嚴、孝慈。
圖下／孝嚴、孝慈年幼時的保姆王連玉，
　　　直到民國四十二年才離開章家，自立門戶。

對於蔣經國遷居萬安的安排，亞若的母親毫無異議。自從民國二十八年初離鄉背井到贛州後，家中事務均由亞若主宰。如今，亞若不明不白地亡故，章家頓然失去方向，對年近六十，又不曾見過太多世故的周錦華而言，真是一次無情的打擊，她聽從蔣經國的話，事實上也有不得不如此的無奈。何況，大、小毛還是嗷嗷待哺的嬰兒，她做外婆，不能不接下撫育他們的重擔。

收拾好在贛州的衣物之前，周錦華告訴兩位唐姓外孫大衍與細衍。「好媽媽」死了，外婆即將離開，要外孫乖乖聽奶奶的話留在贛州繼續唸書，做個好孩子。

死了？就要上初中一年級的「大衍」唐遠波傷心地哭了起來。

他說，自己當時已了解「死亡」那天人永別的哀痛，知道是母親亞若離他們而去，再也不回來的意思。幾乎出於母子連心的本性，他難過地直揮眼淚，嚎啕大哭。

弟弟「細衍」唐遠輝還不清楚「死亡」的意義，愣愣地站立在一旁。外婆也老淚縱橫，好不容易平撫了情緒，打起精神後，她替懂事的長外孫拭乾淚水，聲音哽咽地安慰兩個孩子千萬聽話，她說，只要有空，會回贛州探望他們的。

之後，周錦華就由么兒章澣若陪同，帶著長孫章修純登車，一路翻山越嶺搖搖晃晃，來到萬安。

他們在贛江邊，現在叫濱江路的地方租下兩間簡單的房子湊合著住，等待四女兒亞梅來此會合。

亞梅說，她是在參加亞若葬禮的第二天，遵照王制剛的囑咐，隨便清理了一下用品和衣物，匆匆坐上汽車，趕來萬安的。她記得自己帶著大、小毛，跟著王制剛換船乘車，走了好幾天路，才與早就望穿秋水的母親團圓。

章亞梅不記得看見她母親的那一刻曾否掉下眼淚，只記得母親筆直地站立在房門外街道上焦急等待的神情。

章修純則記得自己興奮地迎接著奶奶所說父親為家中所添的兩位小弟弟，他是好幾年後，抗戰結束返回南昌時，才確知大毛與小毛是三姑與蔣經國的骨肉。

在萬安安頓妥當之後，章亞梅力圖擺脫桂林的夢魘，過著與母親共同撫養大、小毛的平靜生活。

母女照料嬰兒還是依照桂林的「分工」習慣，大毛仍由亞梅帶，夜裡也跟亞梅睡；小毛原先黏在亞若身邊，後來換成與外婆相依為命。他吃奶換尿片等，都由外婆負責。

這對雙胞胎雖然不幸喪母，父親又近在眼前不能相認，身體卻日益健康。在萬安一年多的時間裡，從長牙齒學著坐、爬、站起身到邁開小腳走路，成長過程極為順利。亞梅表示，除了有一次一天都不見外孫尿尿，外婆急得抱著他們請醫生檢查有無毛病外，一歲左右的大、小毛從無病痛，未曾讓外婆與姨媽操心。

雙胞胎中，比弟弟大五分鐘的哥哥大毛，體質一向比小毛強，冒險性格也較小毛明顯。章亞梅說；大、小毛一歲半時開始學走路。她與母親為鼓勵他們練腿部肌肉，一人站一邊，中間隔上一兩公尺距離，要他們到對面找外婆或姨媽。

大毛比較勇敢，腳步也堅實，他先放開求救的雙手，跨穩自己一生中的第一步。第二天，小毛也在外婆的掌聲中邁出獨立的步伐。

小生命成長的喜悅，填滿了周錦華母女單調的鄉居生活。這段期間的家計開銷，亞梅估計是由蔣經國派屬下按時支助的。閒暇時，她與母親以編織毛衣打發時間。章修純印象中，每當大毛與小毛在萬安當地特製的手編竹籃小床上熟睡後，祖母和四姑亞梅總是手腳並用。她們坐在椅子上，雙手一邊打毛衣；雙腳還一邊忙碌地推搖著竹床，構成一幅安詳寧靜的畫面。

章家在萬安曾搬過一次家。章修純還在當地上過學。可惜民國七十八年七月重返萬安時，因年代湮遠，加以記憶模糊，他已無法尋回故居了。但從他的表情中充分顯示當年章家祖孫三代對這個山城的另一種故鄉之情。

萬安的日子平順地滑向民國三十二年的冬天時，周錦華接到兒子浩若轉來的好消息。他要母親準備行李，到貴州銅仁團聚。他即將登上縣長的寶座。

這個新的轉變，點燃周錦華與愛子團圓的希望。她與浩若分離已有五年了。這其間，浩若與元配吳霞因情感不睦而在贛州宣告離婚，亞梅說母親曾難過好一陣子。現在，浩若就任新職，周錦華相信厄運終於要遠離章家了。

她帶著大、小毛、亞梅和澣若，一路往南走，途經贛州時，將身邊的長孫修純交給曾有婆媳之情的吳霞照料後，繼續朝浩若帶著次子修維等待與母親會合的桂林行進。

祖孫一家五口來到章家人的傷心之地桂林後，直奔東江區的鳳凰嶺。在亞若墳前，白髮送黑髮的周錦華忍不住放聲痛哭，她再也不能隱藏內心鬱積的無限哀傷。

三女兒亞若去世了，二女兒懋桃也在不久前病故，戰爭仍在進行，丈夫貢濤又遠在廬山。一家人四分五散，團圓的日子不知何時才能來到！這一切，都在淚水中傾訴宣洩。章亞梅雙手拉著大、小毛，要他們向母親行禮致意，兩位小朋友照做了，但他們的記憶裡，未曾留下這幕景象，兩人成年後都不記得幼時的桂林之行。

在銅仁的縣長官邸裡，周錦華的生活也獲得改善。一向孝順的長子浩若不僅請來一位當地苗族少女做女佣，專門侍奉縣長老太太的起居；還撥出一位名叫王連玉的傳令兵到家中工作，命他協助看顧大、小毛。

這時的章浩若已經再婚。他在河南洛陽結識了江西同鄉紀琛進而成婚，並且帶給母親第一位孫女章洛洛。不久，紀琛又產下二女兒，取名銅銅，紀念浩若前來做縣長的地方。浩若自軍中退職奉派做銅仁縣縣長，他的兒子章修純認為是父親本人的能力與人際關係；不過，妹妹亞梅與妻子紀琛的姊姊紀珍，都不否認蔣經國居間安排才是關鍵。

依照亞梅與紀珍的說法，浩若與蔣經國有實無名的姻親之誼極為深厚，章修純也聽父親說過，他在駐防重慶時，曾與經常赴重慶探望蔣委員長並洽公的蔣經國會面。蔣經國不止一次邀約浩若餐敘，對亞若生前珍愛的四弟充滿兄長的關懷。

事實上，大小毛隨外婆遷至銅仁投奔浩若的前後經過，蔣經國應當都十分清楚。亞梅相信，那段期間，母親周錦華與蔣經國之間保持著固定的連繫。她說，大、小毛在銅仁長大到三歲，要上托兒所前，浩若與母親商量對外如何使用大、小毛的學名時，浩若擔心亞若無端去世的恐懼陰影存在，以「安全」為理由，建議讓孝嚴、孝慈暫時跟著他姓章。母親同意兒子的考慮，但認為必須得到蔣經國首肯，才能讓他的蔣姓雙胞胎兒改隨母姓。亞梅說，蔣經國點頭了；原名蔣孝嚴、孝慈的大小毛變成章孝嚴、孝慈。

上托兒所的大毛與小毛，這時的玩伴除了小兩歲的妹妹洛洛外，還有「大姑」章懋蘭家中的表哥劉守元與表姐劉守昇等人。

懋蘭自亞若去世，離開桂林後，就與丈夫相聚。夫妻重逢的地點，章家親屬已無法追憶，只記得浩若遷來銅仁後，懋蘭與先生劉克勳也設法來到此地，在當地一所中學教書。這所中學的校長周邦道，現在已九十高齡，是中華民國的國大代表。住在內湖國代宿舍的周老先生還記憶著他在銅仁與懋蘭及她娘家親友來往的情景。

周邦道的兒子周春堤，那年四、五歲，就成了縣長官邸裡的常客。在那座與縣長政府辦公室相連接的大宅院裡，與大、小毛結成兒時的朋友。

這一對不懂世事、模樣相像的雙生兒，也無憂無慮地過著快樂的童年。成年後，縣政府大門前的一對石獅子還經常閃現在兩人的腦海。兄弟兩人那裡知道，他們的父親蔣經國正在忍受著失去摯愛的伴侶，以及有子不能相見的痛苦。

二、奶奶的辛酸

當章亞若的母親周錦華神傷地離開贛州，遷往萬安時，她的至友，亞若唐姓夫家的婆婆，為了媳婦所生的兩位孫兒，也註定了她後半生操勞辛酸撫育孤兒的命運。

兒子唐英剛雖然早逝，唐家婆婆始終鍾愛亞若如昔，兩人的感情一直如母女般親近。接近這位婆婆的親友說，在得知亞若與蔣經國生下雙生子後，唐家婆婆曾期待孫兒大衍與細衍有朝一日能與兩位弟弟會面。

這位唐家奶奶，一生都未對亞若的行為有過微詞或任何埋怨。「大衍」唐遠波不止一次說：「奶奶是真心喜歡母親的。」

早年守寡的奶奶，再也想不到她與閨中好友周錦華的晚年，都付給亞若的骨肉；章亞若生前，恐怕更未曾料到，她的四位兒子，都要依賴自己上一代蒼老雙手的扶持，才能茁長成人。

更戲劇化的是，這四位體內流著亞若血液的男孩，因為政治上的隔離，而在成年後分別投入兩大敵對的政治陣營。其中，留在大陸的唐遠波與弟弟遠輝年輕時加入共產黨，成為資深共產黨員。遠走台灣，以新竹為第二故鄉的章孝嚴和章孝慈，雙雙投效國民黨，民國七十八年七月，都以高票當選國民黨中央委員。

比起大毛與小毛，哥哥大衍和細衍較幸運地在童年時代享受過父母的親手呵護。然而，他們也很不幸地，親眼目睹父母因情感不睦而貌合神離的景象。尤其，父親唐英剛去世後，家中頓失支柱，親友相繼遠離的人情冷暖，更在他們幼小的心靈上留下深深的烙痕。這裡面的無奈與悲哀情懷，充分流露在唐遠波追述往事的言詞與情緒之中。

今年五十多歲的唐遠波，在長沙的工作職階與收入，都超出大陸民眾的中上水準。弟弟唐遠輝八年前因癌症去世之前，兩兄弟一直相親相愛，視同一體。他們都視奶奶為感情最深，恩惠最重的唯一親人。

事實上，亞若去世後，大衍與細衍突然變成孤兒，若非奶奶毫無怨尤地帶著他們衝破精神與物質上的煎熬難關，兩人的最後下場將很不可思議。

奶奶不識字，又是三寸金蓮小腳。她既無在外工作的能力，也沒有家產足以憑恃，只好靠著從小學來的基本紡棉紗的手工技藝，日夜辛苦工作，賺取微薄收入養家餬口。

唐遠波回憶，在生活最困苦的時候，家裡面曾貧乏到米缸空空，連一塊錢也沒有的地步。那一天，又是農曆新年前夕，奶奶鼓足勇氣踩著小腳步行到一位唐家近親那兒，想要借錢過年。

結果，老太太吃了閉門羹。當她面色訕然地被佣人的謝客聲關在門外時，門裡，這位親戚招待賓客打麻將的洗牌叫牌嬉鬧聲，傳到了圍牆外。那晚的淒涼與無助，唐遠波說他一生不能忘懷。他更為奶奶一生勞碌的命運心酸。

唐家親友不肯伸援手，多少與父母親的早年去世有關。遠波唯一的叔叔英武又自顧不暇，他與弟弟感受世態炎涼的現實，對母親亞若生前一度對外隱瞞與他們母子關係的做法，也隨著年事增長而較能諒解。

唐遠波說，他與弟倆在民國二十八年，隨奶奶自南昌逃往贛州後，原以為可以與母親亞若團聚，朝夕共處的；未料，母親帶他們進入房間，輕聲告訴兩位兒子，對內、對外今後都別再叫「好媽媽」，今後要叫母親「三姨」。

「三姨」？半大不小的唐遠波明白其中的弦外之音。事後回想母親這樣的安排，情感上難免仍有被「否決」的創傷。他說，其實，從出生開始，從未開口叫過亞若「媽媽」。而是依江西習俗喚亞若為「好媽媽」；兩兄弟兒時卻叫奶媽為媽媽，他也不明白其中的道理。

對於不能讓兒子在身邊親熱地喊「媽媽」，亞若心情十分複雜。唐遠波說，在贛州期間有一回母親生病，他在床邊探望。年輕脆弱的母親自病痛的睡夢中清醒，看見兒子後，雙手將他擁入懷裡，放聲痛哭了起來，嘴上還說著許多要兒子諒解，她有不得已苦衷的話。

母親去世後，正值青春少年期的唐遠波，才認真回想著與亞若的母子之情。他傷心哭泣失母之痛；另一方面，又為著聽說母親與蔣經國生下兩位弟弟而「覺得不光榮」。當時的他從未向同學承認所就讀的正氣中學校長蔣經國之間的間接關係。

如今人事變遷，已是半百年紀的唐遠波回首前塵往事，心頭一片平靜。他不再認為母親與蔣經國的一段情不可告人，甚至加入共產黨時他曾將與亞若的母親關係向組織做過明確的交代。

對於蔣經國這位政治人物，唐遠波也認為應持肯定態度。他表示，雖然不很清楚蔣經國在台灣的建樹，但蔣委員在贛州的治績是不容抹殺的。

正氣中學唸書時，唐遠波還曾步行一百公里，跋涉千山萬水到萬安探視住在那裡的外婆，與襁褓中的弟弟大、小毛見過面。

抗戰結束，奶奶帶著他與弟弟返回南昌，章、唐兩家歷經六年多人事滄桑、患難後，終於首度團圓。

三、團圓

章家人從四面八方返回南昌了。

民國三十四年九月初，日本天皇宣告全面無條件投降的消息，傳遍整個中國大陸。多年離鄉背井，飽受戰爭之苦的難民們，雀躍歡欣地奔相走告，開始返鄉的「復員」行動。

章貢濤從廬山返回南昌市縣前街的舊居，與太太、兒女重聚後，驚訝於八年離散的人事變化。他的兩位女兒懋桃與亞若不幸相繼去世；長媳婦在兒子的選擇下已經換人；四女兒亞梅嫁給二女婿陶端柏做續絃；還有那對流著蔣委員長家族血液的小外孫——大毛與小毛。他倆小精靈般面貌與體型相似的可愛模樣，立即獲得外公的歡心。

這時候，領導對日抗戰勝利的蔣中正夫婦，聲望如日中天；蔣經國奉派任外交特派員，斡旋中蘇爭議，政治前途已是一片光明。南昌章家兩位外孫的真實身世，也更平添了神祕的色彩。知曉內情的親友在好奇心的驅使下，忍不住私下傳佈著亞若生前與蔣經國的種種。她的戀愛，她的生子，以及她的死亡，從今日南昌章家遠親近戚的反應看，必然是那幾年南昌章氏親友圈中，最大的閒談話題；孝嚴和孝慈也因此成為眾人關切和注目的焦點。

奶媽段會香說她曾多次與大、小毛會面；小朋友還曾依大人囑咐叫她奶娘；嫁出門的五女兒章幽蘭接待過母親周錦華與外甥大、小毛在夫家做客；小名洛洛的章軍記得大、小毛愛揪她的小辮子；銅銅（田雅文）說大、小毛哥哥騎小腳踏車，載她原地打轉，沖昏了頭……。這一切，交織成雙生子南昌時期無憂無慮的童年。

只可惜，他們自牙牙學語起一直稱呼為奶奶的外婆，心靈世界又一次不再平靜。周錦華與丈夫在共同走過半個世紀以上相扶持的婚姻生活後，感情終告破裂。一家人團圓沒多久，她就帶著兒子、孫兒與外孫遷離縣前街，跟丈夫正式分居。

周錦華堅持不肯繼續和丈夫一起住在縣前街，與陪同章貢濤自廬山返回南昌的曹筱玉有關。

這位孫兒口中叫做「小婆婆」的曹筱玉，據章修純說，是章貢濤抗戰時在廬山養病並辦學校教書時，請來的幫手。兩人日久生情後，章貢濤視她為伴侶，戰爭結束返鄉時，將她帶回南昌。

在章貢濤傳統的觀念裡，太太錦華必然能與曹筱玉，在縣前街兩層樓的房子裡和睦相處。周錦華卻不肯接受這種安排。她耐著性子居住了兩、三個月，就再也不能忍受，要求長子浩若另外設法購置房舍，計畫另立門戶。

章浩若這時已奉調自銅仁縣長任內轉任東北的遼寧省法庫縣縣長。孝順的他，聽從母親指示，自東北匯錢回家，在距離縣前街父親住宅步行五分鐘遠，兩條街外的井頭巷，購買一幢寬敞設有閣樓的平房給母親居住。

井頭巷的路口內有一口大井，因而得名。這條道路狹窄的巷子裡那棟高度比一般住房高的建築，如今已破舊不堪，由好幾戶人家共同分住。屋頂上的天窗依然完好，往年陽光直射入屋內的情景，章孝嚴、孝慈至今仍有印象。他們還記得房子入口高高的門檻與那口深不見底的大井。

周錦華帶著兒孫遷入井頭巷時，自銅仁一起回鄉的鳳妹和傳令兵王連玉也一家人似地朝夕相處，王連玉依舊負責看顧大、小毛兩人。

除了與丈夫不相來往外，老太太的生活還算愉快。她又恢復了戰爭前抽水煙袋的習慣，

念南昌弘道小學時的孝嚴、孝慈，
頭戴船型帽的可愛模樣。

閒暇時帶外孫串門子聊天或者散步消遣，唯一美中不足的是，長子浩若遠在東北不能晨昏相聚的遺憾。

這時，蔣經國從蘇俄回國，思念起雙胞胎兒子。

章修純模糊地記憶著奶奶周錦華攜帶大毛與小毛赴南京會見蔣經國的往事。父子南京相見，曾在贛州做事的漆高儒也有過追述。

漆高儒還說，他曾親眼見過年幼的章孝嚴、孝慈兩兄弟，但不清楚蔣經國如何安排與兒子見面。

孝嚴、孝慈名義上的「母親」紀琛與姊姊紀珍對南京蔣經國父子會另有一番描述。紀珍當時與夫婿黑祥麟居住在南京，據她說，妹妹紀琛曾奉婆婆之命帶孝嚴、孝慈兄弟來南京與蔣經國見面。自民國三十四年底到三十八年初，大約平均每半年，蔣經國就會設法轉請亞若的母親安排兩位兒子大毛與小毛前去相聚。

每次妹妹紀琛帶著雙胞胎來到南京，就借住在南京姊姊紀珍家。通常由紀珍陪同前往蔣經國下榻的勵志社附近等待他的來臨。紀珍回憶，當蔣經國所乘的黑色轎車駛近身邊時，她與妹妹就催促孝嚴、孝慈趕緊過去，嘴上還說著他倆聽不懂的，「那位下車的，就是你們爸爸」的話。

蔣經國與兩位小兒子見面，外人都不在現場，無法得知他如何表達父愛。當事人章孝嚴、章孝慈因過於年幼，對南京之行毫無印象，無法證實他們曾和父親相見之說的真實性。兩兄弟四、五歲時，章浩若終於獲調自東北回江西服務，奉派在今日叫景德鎮的浮梁縣做縣長。

儘管時局又開始出現不穩定的徵兆，國民黨與共產黨的內戰似有蔓延擴大的趨勢，章家老太太周錦華對眼前的一切愈來愈感到滿意。她疼愛的兩位外孫順利成長，乖巧健康又很活潑；兒子浩若的工作地點距離南昌僅一天車程之遠，隨時可以團聚；在銅仁負氣離家與二姐夫成婚的四女兒亞梅，也回到了南昌。這時的章家，歡樂與喜悅取代過去好幾年的悲歡離合。

半年以後，外婆興奮地替小外孫張羅上小學的大小雜事。大、小毛上學，在章家是大事，外婆與兒子浩若討論的結果，決定要送他們入當時南昌有名的教會學校弘道小學啟蒙唸書。

弘道小學坐落在距井頭巷不遠的榕門路上，是天主教興辦的一所收費不低的私立貴族小學。這棟有著紅色大拱門的灰色建築，是民國十六年中共在南昌所謂「八一」起義時，賀龍指揮兵變之地。為了「紀念」這段歷史，中共「當局」已將之視為文物古蹟，在大門左方牆壁上張貼公告明令應長期善加保存。

大、小毛在弘道小學唸書，每天由王連玉左右手各牽著一隻小手，步行三、四分鐘送他們進入學校大門。

放學時間到了，王連玉趕緊從家裡趕到學校門口，負責將兩位小孫少爺安全地接回家。這樣的小學生活，章孝嚴與弟弟孝慈隱約記得持續了一個學期大約四個月之久。他們的印象裡，學校裡有教室、有廣場，街道對面還有賣雜貨的店舖。

兩人的二表哥章修維那時已升入初中，他也記得大、小毛的入學盛事。修維說，雙胞胎弟弟自小就穿戴一個式樣的衣服、鞋襪與帽子。他倆唸弘道小學，小小個子頭戴船型帽，併排走在街道上的情景很是有趣。

章孝慈對井頭巷與弘道小學的日子極難忘懷。他接受台北一家報紙副刊訪問時，曾提及祖父章貢濤的才學與南昌舊居。孝慈記憶中，南昌老家大門前左右各有兩隻石獅子，雄赳赳地捍護著家門。但從井頭巷僅能容得下兩位成人擦身走過的狹窄情形看，他的記憶可能有誤。大表哥章修純判斷，當年才五、六歲的孝慈，恐怕是將貴州銅仁縣政府大門前的石獅子當成是南昌井頭巷的。

外祖父教小外孫學詩唸詞，倒是確有其事。兄弟倆也與母親亞若一樣，承繼了他們叫做爺爺的外祖父飽讀詩書的才藝，成年後除所學專長外，對文學詩作極有興趣。學文的章孝嚴尤其喜好新詩與小說創作。他還曾以英文撰寫成無數篇短篇小說，可惜因為遷居關係，原作大都遺失無法尋回。

弘道小學的日子，受到戰亂影響而中止。孝嚴、孝慈六、七歲時跟著外婆撤退台灣，與外祖父分離後，祖孫就未再晤面，「道貌岸然，但不失溫和慈祥」是兩兄弟至今仍對外祖父所保留的印象。

第十章　又見分離

一、廈門的等待

民國三十八年初，中國共產黨紅軍勢力迅速擴張，國軍抵擋不及，節節敗退。以南京為主的國民政府內部分裂情況日趨嚴重，當選中華民國第一屆總統的蔣中正不得已宣佈下野，正在上海的蔣經國隨侍在父親身旁。父子眼看局勢惡化，積極進行撤守台灣的準備，並於六月展開政府撤退行動。

當年五月上旬，周錦華就接獲來自蔣經國方面的訊息，意識到再一次棄守家園逃亡求生已是不可避免。

這時的中國大陸人心惶惶，難民潮再度湧現在車站、碼頭，南昌市也陷入極度的混亂。周錦華慌忙找來長女懋蘭，大媳婦紀琛和么兒澣若，商議逃亡大計。

懋蘭相信母親危機感的正確性，但是丈夫劉克勳不在身邊，舉家逃難茲事體大，不能單憑她和娘家母親一席長談後驟下決定。想了又想，認為局勢再壞，不致一夕大變。她建議母親這邊先行離去，在福建的廈門等著，等到丈夫返回南昌後，他們再前往會合，一起乘軍艦駛往台灣。

周錦華認為懋蘭的權宜之計不失為上策。接下來就是好幾年不曾住在同一屋簷下的老伴章貢濤，和遠在南昌北邊浮梁縣擔任縣長的長子浩若的問題。

她差遣兒女與媳婦到縣前街章貢濤的住處向他秉告母親周錦華將遷往台灣的決定。

安土重遷的章貢濤不考慮離開故鄉。他說，日常生活有小婆婆曹筱玉照料，加上平素與共產黨毫無瓜葛，又不涉政治，未來的日子可能不會有遭受干擾之虞，就轉話要太太放心啟程。

做祖父的章貢濤一向鍾愛兒孫。他要求浩若的次子修維留下來作伴，修維也毫無異議。

修維的繼母紀琛有些猶豫。她擔心，共產黨果真「解放」南昌後，一般居民生活恐怕不能再保持平靜，好幾次設法勸說公公與修維，讓她帶著修維一起逃難。公公聽著媳婦的道理，也失去了主見，最後，做長輩的要十歲左右的章修維自行做主。

修維自幼與祖父情感深厚。他明白全家人這一走，祖父與小婆婆兩老孤苦無依，生活勢必淒涼寂寞，就向繼母與奶奶表達留守故居陪侍祖父的意願。

眼看勸說無望，紀琛不再堅持。她與婆婆收拾好家中值錢物品，帶著細軟銀錢匆匆上路。臨走前，一家人與浩若取得在台灣會面的默契。

從南昌到廈門，章家除了奶奶周錦華、媳婦紀琛與幼兒章澣若，以及澣若新婚且已懷孕的妻子鳳妹，第三代中，大約十七歲的長孫章修純最年長。他一路幫著照顧三位同父異母的妹妹章洛洛、銅銅、梁梁和表弟大毛章孝嚴與小毛章孝慈。他倆的「保母」王連玉也跟著來台，幾年後才遷出章家自立門戶。

回憶中，這段路程還有王昇「王科長」的家眷同行，但王昇已無法證實。

章修純依稀記得到了廈門後，奶奶他們找了一家旅館暫時安頓。那時聽奶奶說，是要等大姑懋蘭一家來到廈門後再一起坐軍艦到台灣。

等著、等著，日子益發令人焦躁不安。奶奶眼看日子一天天過去，仍然不見大女兒蹤影，通訊連絡又因為兵荒馬亂根本完全斷絕，心中萬分著急。尤其局勢吃緊的風聲不斷傳來，章修純感受到，廈門一批批逃亡客張惶失措的神情，嚇壞章家老小。

小舅舅澣若守在廈門閒來無事，興起存積些廈門特產名品到台灣出售的生意經。沒想到，日後在新竹定居，他倒真的轉行從商，長期做起開店賣雜貨的老闆。

章澣若在廈門買的當時最流行人造塑膠做成，一般稱為玻璃皮帶和男女絲質睡衣褲等用品打包成一箱箱行李的情景，唸小學的章孝嚴、孝慈兄弟也都還有記憶。

民國七十八年，公開接受台北記者訪問時，章孝慈就提到當年小舅舅採購物資的往事。

廈門的小旅館裡一住超過一個多月。大陸北方與內地城市陸續遭到中共「解放」的消息紛紛傳來。周錦華知道再不走恐怕她與兒媳、孫子三代都要跟著淪落到共軍手中。她終於忍著傷痛，決心不再等候懋蘭，登上據章修純說是由蔣經國指派專人幫忙安排的一艘運兵艦，準備在陌生遙遠的台灣展開新生。

這一趟艱困的撤退之旅，章孝嚴與孝慈兩人都略有記憶。他們自照片中看到現在的章修純，認為與修純大哥的少年形象相似。洛洛、銅銅與梁梁妹妹都是玩伴。

洛洛與銅銅的母親紀琛，也是章孝嚴與孝慈當年口中的「媽媽」。儘管在他們小小的心靈裡，也曾若真似假地覺得其實是外婆的「奶奶」對他們兄弟倆特別關照，卻從未懷疑紀琛不是親生母親。

雙胞胎與同行家人們，這一路海上航程，目睹白晝間藍天碧海相接的朦朧神祕之美，也在暗夜黑霧籠罩下，感受到汪洋大海所蘊藏的魔力。日夜輪迴間，奶奶周錦華時時刻刻思索著未來不可知的日子。不過，她的心裡很篤定；深信多年來一向孝順能幹的長子浩若就將趕來團圓。經驗告訴她，只要身邊有浩若，家中的任何問題都將迎刃而解。老太太從未料到，浩若這一生都沒有機會踏上台灣。

二、陌生的新竹

基隆到了。

在連續幾天海上生活折磨下，已更加形削骨瘦的周錦華，再次堅強地挺起身脊挑起大家長的重擔。

她招呼長孫修純幫忙照顧弟弟大、小毛與妹妹們整理行裝，一邊叮嚀兒子澣若細心注意剛有身孕的媳婦鳳妹的安全，另一邊又清點行李，準備帶一家大小下船登岸。

碼頭旁除了那幢型式典雅的基隆火車站外，章修純表示，民國三十八年中來到基隆後，首先映入他眼簾且印象深刻的，是碼頭外海上一隻隻掛著金黃色香蕉串的小木船以及踢踢躂躂的木屐聲。

駕木船在大陸客的逃難船艦四週叫賣香蕉，是基隆生意人四十年前的戰爭買賣。章修純跟成千上萬有過千山萬水經歷，卻在基隆嚐到味美價廉香蕉肉的「大陸人」一樣，對台灣與大陸兩地香蕉價格的賤貴懸殊差異感到吃驚。

高腳木屐的特殊形狀，是章修純與大、小毛這些來自江西的外地人，心目中的基隆第二奇景。不過，目前住在南昌的章修純，已從各種資訊報導中理解到，這種便宜、簡便傳自日本的拖鞋，幾乎已經在如今每人國民所得翻了數十翻的台灣街頭上絕跡。

章修純不清楚剛抵基隆時，是什麼人來照應奶奶這一家的，只牢牢記得全家人在基隆找了一間旅舍暫時休息幾天後，就南下前去新竹。

選擇在「新竹」落戶，依修純與紀琛所說是紀琛的姐姐紀珍的關係。

圖上／孝嚴、孝慈新竹中央路故居，
現已改建。

圖下／民國三十八年，孝嚴、孝慈通過考試，
獲准插班進入東門國小三年級就讀。

當時，紀珍已隨夫婿黑祥麟服務的空軍單位來台定居在新竹附近。紀琛攜帶女兒們與婆婆一家安抵基隆後，紀珍向妹妹及章老太太周錦華提出何不一起安頓在新竹，以便親人就近照應的建議。

這番話章家婆媳聽來有理，加以眼前又看不出其他較佳出路，決意暫居新竹，等待章浩若來台會合後再聽他安排。

為了節省所費不貲的旅館費，周錦華拿出隨身攜帶的錢財，在如今是新竹鬧區城隍廟附近的中央路上購置一幢簡單的兩層樓磚房，供一家人展開新生。年幼的章孝嚴、孝慈則從未自長輩口中得知由「南昌子弟」轉變而為「新竹小孩」的原因，只是很自然地與風城融成一片，他們多次表示熱愛新竹的真誠。至今章孝嚴不論公、私務赴新竹，都要到曾有過自己足跡的地方尋覓往日時光。

章孝慈排遣憂悶的方法是驅車前往新竹名勝青草湖，在外婆靈骨前找回寧靜的天空。

儘管如此，民國四十年前後新竹的市容落後、破敗、物資匱乏，卻是無可奈何的事實。章修純說，從南昌到新竹，生活情況一下子自高處落下。原先的縣長老太太、縣長夫人與縣長弟弟、公子等，突然間無所依恃竟成「難民」不說，南昌時代大宅院裡人來人往、僕役盈門無憂無慮的日子，已經消逝成為如何在新竹謀生的現實。

他說，奶奶與小叔叔章濬若個性都強，處境再困頓，也不肯向大、小毛的父親蔣經國求救。章修純相信，奶奶周錦華是早就立定決心，無論多麼艱苦，都要自食其力撫養愛女亞若的雙生子長大成人。

後來的事實證明，亞若么弟濬若，承襲母親的剛烈性格。章孝嚴推測；在好長一段家計困難入不敷出的日子裡，小舅舅非僅未曾主動要求經國先生的援手，恐怕還好幾次回拒來自經國先生身邊人士所帶來的物質協助，寧可靠自己經營的小買賣維持一家清苦的生活。

那時的蔣經國與父親蔣中正均已來台。據報導，他與妻子方良，兒女孝文、孝章及四歲大的孝武居住在中山北路四條通一帶，眼看台灣滿目瘡痍、物價飛漲，憂心如焚可想而知。關於他抵台後至三十九年出任國防部總政治作戰部主任期間，台灣軍政界曾有他受到「監視」、「保護」等等各種傳言，實情無法證實。

至於當年已七歲大的雙生兒子大、小毛隨外婆、舅舅來台定居新竹的消息，一般推斷蔣經國必有所知。受過商專教育的章濬若與母親、妻子撤退來到台灣前，曾在銀行工作，在台灣轉而做雜貨生意卻完全外行。侄兒修純形容章濬若改行從商，實在出於無奈。

想當年家裡老的老，小的小，光憑從大陸帶來的細軟首飾過日子終非長久之計。打定主意後，澣若就將中央路新宅的一樓改裝成店面，架設櫥窗，把他在廈門購買的鋼筆、塑膠皮帶與絲質睡衣、褲等貨品陳列起來，成為雜貨店老闆。

這時，正是夏季。百廢待興的台灣，各項設施與公共政策雖然千頭萬緒，大部分學校仍然正常運作；打赤腳、衣著襤褸的中、小學學生們儘管物質生活匱乏，卻很幸運獲得受教育的機會。眼看學校開學了，周錦華擔心外孫再不接續已荒廢近半年的學校課程，將來可能更要跟不上學業。就在事不宜遲的考量下，帶著大、小毛走到家宅附近的東門國小，找到主管請求讓他倆入學。

通過簡單的能力考試後，兩兄弟獲准插班進入東門三年級就讀。兩位小男生小小的個子，長相相似，每天一起上、下課的模樣十分可愛。負責接送他們放學、上學的大哥章修純說，做功課、看書，大、小毛都很乖順。

他還開玩笑說，別看孝嚴、孝慈現在長大成人都獨當一面，幼時讀小學做算術習題有錯，他這位大哥毫不留情地打小手心逼他們用功，恐怕對兄弟倆今日的成就小有功勞。

那時的修純剛唸完初中，原本打算在新竹進高中不成，就幫著小叔叔看店管帳，一方面上補習班學習台灣民間仍極普遍的日語，充實自己的外語能力，以備不時之需。

這樣一天天適應陌生環境，章家人開始把新竹當成第二故鄉。雖然夜闌人靜時，修純曾不止一次忍不住向祖母錦華訴說多麼想念南昌物質富裕的生活，但在「有苦大家吃」的心連心感念下，新竹的日子大致上還過得去。修純的繼母紀琛帶著三個女兒與姊姊紀珍一家住了一陣子之後，也逐漸適應凡事得自己動手，既無傭僕、下人幫忙打掃門戶，又沒有廚子燒菜的家庭主婦生活。

三個年幼不懂事的女兒，也愈長愈可愛。老大洛洛嘴甜，一向受到奶奶周錦華偏愛，她與二妹銅銅，天真無邪地成天跟在大毛、小毛表哥後面轉，兄妹四人相親相愛的情景，看在長輩們眼裡，滿心樂陶陶。

做奶奶與外婆的周錦華更是開心得很，每當外孫與孫女玩在一起難捨難分，就打趣說長大後要讓他們配成夫妻：洛洛嫁給大毛；銅銅做小毛的媳婦，再度親上加親。

奶奶這番話，經常引得大人們哈哈笑，半大不小的洛洛似懂非懂，還曉得害羞藏起身來；大毛、小毛卻不脫男孩愣頭愣腦的本色，無法領會其中的趣味。

其實，「奶奶」是情不自禁。在大人們的教導下，當年才八歲大的章孝嚴與章孝慈，一直稱呼本應為外婆的周錦華為奶奶；舅母紀琛是「媽媽」，紀琛的女兒是妹妹；澣若「舅舅」，那時還是「小叔叔」。這些親戚們的實際關係，直到他倆成年確知身世實情後才逐漸改口。但是，因為自小養成了的習慣，即使到了現在還經常說溜嘴，每當「姑姨」、「舅叔」混淆不清，說得採訪者一頭霧水。

名義上的「紀琛」媽媽來台不到一年後，決定重返大陸，卻未曾在雙胞胎「兒子」的小心靈上留下太多傷痛。章孝嚴解釋，他與年幼的「小毛」弟弟不明白這母子關係的真實性，視「紀琛」為親生母親，也跟著妹妹們喚她為媽媽。不過，或許是外婆給他們足夠的關愛，加上小小年紀，根本不了解親人生離之苦；直到成長後，才體會到外婆與長孫修純等人一別成永訣的哀痛。

三、永別

異鄉的日子飛逝著，章家老太太周錦華在物價節節上升的怵目心驚下，錙銖計算家人的三餐生計。她心疼兒孫所遭受失去往日錦衣美食的磨難，但也明白面對現實迎向未來的重要，緊緊咬著牙關未曾向任何人求援或埋怨。

民國三十九年初，中華民國度過政府遷台後第一個慘澹的農曆新年後，中國國民黨總裁蔣中正宣布復行視事重任元首，蔣經國出任國防部總政戰部主任，在全國軍民上下一心的砥勵下，遭中共挫敗的國民黨誓言以台北為臨時首都，自失守大陸的頹敗中奮鬥站立起來；遠在新竹的章家老小也踏著新生的腳步，與左鄰右舍結交為新朋友。孝嚴、孝慈更是「入境問俗」，除了家裡講的一口南昌方言外，還開始跟著小學同學說當地人慣用的客家與閩南話。如今，他倆都能使用這兩種語言公開發表演講。

大哥章修純也不再向祖母哭訴新竹的貧困與落後，平心靜氣地過著學日語與幫小叔叔看顧店面、記帳點貨的規律生活。這一切，儘管事隔四十年，修純現在依然印象深刻。那時民間所使用的鈔票與政府所核發的國民身分證，也還畫面清晰地映在他的腦際。

就因此，今日的章修純對大陸上所有與台灣有關的新聞報導和資訊都極感興趣，並且不辭勞煩剪貼成冊追憶年少舊事。

眼看長孫逐漸適應新竹的生活，大、小毛乖巧健康地成長，周錦華心頭重石落地，只等待修純的父親浩若趕來團聚。

然而，天不從人願，就在這年春、夏之交，浩若人沒來台，卻經由一位好友輾轉傳來他已遭共軍俘擄，生命危在旦夕的噩耗。

這位朋友攜帶的函件，是由修純的小叔叔澣若唸給祖母聽的。信中，浩若表明母親、妻兒逃離南昌不久，就在他所掌管的浮梁縣府，遭到自北方南下的中共「人民解放軍」逮捕，隨即遣送南京接受「改造」。

不知是出於自願，還是被迫，浩若表示身在南京，凶多吉少，除非在台親屬返回大陸，恐怕難免殺身之禍。

浩若蒙難，無異於青天霹靂，轟然一聲將好不容易掙扎走出逃難惡夢的章家三代，又打入了地獄深淵！紀琛念夫心切，立即告訴婆婆要不計一切返鄉營救浩若。

她盤算，回到大陸救出丈夫後，將來一家大小還可設法潛逃回台灣。

為了方便照應三個年幼的女兒，紀琛建議修純同行；而且，有長子在身邊，或許較有利於協助浩若重獲自由。

周錦華矛盾極了。她一方面擔憂兒子的生死安危；另一方面又捨不得與修純、洛洛等孫兒、孫女分離。幾番思索後，拿不定主意的老太太要長孫自行作主。

十六、七歲的章修純面臨了他年輕人生的重大抉擇考驗。自小，他就備受父親寵愛。雖然脾氣火爆的浩若，好幾度在氣頭上怒罵修純，甚至有一次抽出手槍嚇唬無理耍性子的長子，但他身陷囹圄，修純知道父子情深不能袖手不顧。何況，繼母說得對，來日方長，只要救出父親，解除眼前的危機，過些時日必然有機會再度逃離中共統治下的中國大陸，與祖母在台重聚。

於是，他下定決心放棄台灣的新生活，與紀琛一起返回南昌。祖母尊重長孫的判斷，未多置一詞，默默地幫著修純整理衣物行囊。

臨離開新竹時，周錦華將修純叫到一邊，把一層層絲質手絹包裹住的一隻金戒子、一對金耳環與幾塊銀圓塞進長孫半大不小的手中，強忍淚水要他珍重；更要他聽從繼母的話，一路小心照料妹妹們平安地重返南昌故居。

修純不記得是如何與表弟大毛、小毛道別的；大毛孝嚴倒是明確地記憶著那年與「媽媽」、「大哥」與「妹妹」分別的鏡頭。

後來聽外婆說，當時紀琛、修純等人若不回大陸，大舅章浩若極可能在被釋放後設法脫逃大陸來到台灣，章家三代離散的悲劇可望避免；浩若也不會落到厭世自盡的下場。

章浩若自南京獲釋，修純與繼母回到南昌才知道。他們一行坐火車從新竹到基隆，暗中花錢僱船繞經舟山群島，一路擔驚受怕，吃足苦頭後才偷渡在上海登岸，轉車回到南昌，意外得知浩若重獲自由的喜訊。

父子、夫妻與父女重逢團圓，確實喜出望外。歷經獄劫後的浩若更加珍惜家庭生活。他享受著妻兒相伴的甜蜜快樂之餘，也多方打探逃出中國大陸的門路。

誰知道韓戰爆發，亞洲局勢緊張，中共在大陸掀起一片「抗美援朝」的狂熱後，更以高壓手段阻止民眾外逃，一條條通往自由之路都被切斷，章浩若一家也被厄運與不幸緊追不捨地糾纏著。民國四十年起，在「反右」運動的高亢口號下，章浩若與太太兒女不但未能逃來台灣，連基本的人身安全都難以獲得保障。從此他與台灣的母親周錦華、弟弟章澣若失去音訊。

接下來的八、二三砲戰，繃緊台海兩岸對峙的情勢，大陸與台灣宣稱誓不兩立。章家就此與兩岸成千上萬戶流離分散的家庭一樣，成了大時代的悲劇演員。

第十一章　隱名埋姓的章亞若家族

民國四十年代的中國大陸，從短暫的「解放」歡呼下，逐步走進恐怖之門。紀琛帶著繼子修純與三位女兒返回南昌，與丈夫章浩若實現團圓夢後，才發現當初再逃亡的構想已無法做到。沒多久，浩若因為國民黨政府的關係遭判刑入獄勞改十年，紀琛「奉命」劃清界線與他離婚。

民國五十六年，脫離勞改生活才四年的章浩若，又遭到「文化大革命」的詛咒；紅衛兵們翻出「家史」，嘲弄他是蔣經國的「舅老爺」，並且再度判他入獄。赴戈陽地區勞改。

至此，浩若心志俱喪，留下一封遺書給兒子後仰藥自盡，遺體迄今不知下落。父親死後，浩若的兒女陷入了悲慘的，各自與命運奮鬥的處境。為了避免禍事上身，三、四十年來，他們沒有人敢公開提起與章亞若的任何血緣關係，而亞若的妹妹亞梅也靜默地居住在貴陽，一次又一次的在各種「運動」中僥倖偷生著。她心心念念的侄兒，母親、弟弟們，也因為「台灣關係」的黑帽子，始終深藏心中，未曾向外人透露。

這段時間，亞若唐家婆婆、孫子與章家完全失去連絡。大衍與細衍兩兄弟在奶奶的撫育下，困頓中終於進入大學並順利就業。在成年加入共產黨時，他倆「交代」了親生母親章亞若與「台灣的蔣經國」之間曾經交往生子的經過。「家庭歷史」的政治背景限制了他們事業的發展；唐遠波說小他兩歲的弟弟因為受不了這樣的壓抑而鬱鬱寡歡，不幸於八年前患癌症而英年早逝。

一、浩若一家

甜蜜家庭的樂章，抵擋不住噩運的吞噬。從民國四十二年起，戰亂中重相逢的章浩若一家，很不幸地和中國大陸成千上萬的民眾一樣，在中共一波波政治運動的磨難中掙扎求生，甚至失去性命。

他們與章亞若的親屬關係，固然成為被批鬥的「歷史事實」，而章浩若曾經從軍，並在國民政府做過縣長的經歷，以及紀琛、修純曾駐足台灣的「國民黨特務」紀錄，更是雪上加霜，注定了浩若一家妻離子散，家破人亡的悲慘命運。

浩若是民國三十八年秋季中共人民解放軍自湖北南下攻入江西後，在浮梁縣政府遭俘虜的。他告訴長子修純，同時期被捕的還有前妻，也就是修純生母吳霞的哥哥，曾做過蔣經國直屬手下的吳驥。

落入中共手中的章浩若，與若干同時期被俘的國民黨官員一起被送往南京接受「改造」。在那裡，他設法委託朋友捎出信息到台灣，將自己失去自由的情形告訴母親與妻子。信件中所謂妻、兒返鄉即可獲釋部分，章修純懷疑並非出自父親的本意，很可能是中共幹部為誘騙紀琛母子回大陸，逼迫章浩若寫的。

在南京接受一年的「改造」教育後，章浩若意外地重獲回歸鄉里的自由。他的至友吳驥卻不是這樣幸運。據說他在三十八年被捕後沒幾個月，就遭槍決，死於非命。

返回南昌市故居的章浩若，恍如重生的與父親章貢濤及么兒章修維相逢，祖孫三人歷嚐顛沛終於聚晤一堂，真是百感交集。

這時的章貢濤已無固定收入。他在財務拮据的困境下，將縣前街二層樓居所分租數戶人家，靠租金貼補家用。章修維記得祖父重視養生之道，多年來養成每日進食一杯牛奶、一只雞蛋的習慣。家人為侍奉祖父，無論環境如何艱難，一定設法維持老人家的基本營養要求，總算讓他從民國三十八、九年至民國四十六年去世的七八年間，都能毫無匱乏地安享餘年。

章浩若一生恬淡、自持，也堅毅不拔。南京一年牢獄般的「改造」生活，並未改變他雅好音樂、戲劇的才情。民國三十九、四十年間，南昌與大部分大陸的城市一樣，籠罩在中共清除異己、大肆屠殺的風聲鶴唳中，浩若卻能不以為意，安靜自得地與自台灣返鄉的妻女、長子共度團圓的歡樂。心地單純、面貌俊秀的章浩若天真地以為，南京的「教育」就已解除他遭批鬥的厄運，一心指望尋求逃往台灣之路。

可惜，中共發起的反右運動如排山倒海般湧入南昌。民國四十二年章浩若以「歷史反革命」罪名遭判刑。

圖上／章修維（浩若次子）全家福。
圖下／章修純：浩若的長子。

章修純說，當時還有明瞭章家家世的鄉親共產黨員，以「蔣經國舅老爺」之稱羞辱章浩若。他含淚忍痛地眼看父親在罪上加罪的情況下，被送往距南昌遙遠的東北地區勞改營服刑。

繼母紀琛更是傷心欲絕。這時的她已懷孕即將臨盆，丈夫浩若依依不捨地與妻女告別前，曾要太太產下嬰兒後不論男女，都取乳名「毛毛」，以紀念逃往新竹的一對甥兒大毛與小毛。

紀琛果然喚四女兒為毛毛。這位小女嬰卻在命運的捉弄下，一生都未能與父親謀面。毛毛的母親在民國四十二年，接到中共當局指示，若不及早與章浩若離婚劃清界線，將被判刑接受勞改。

紀琛慌了手腳。

她看情勢惡劣，又無人相助，只好無奈地接受「黨的安排」，走上了大陸上成千上萬同樣遭遇婦女的道路，忍痛申請與丈夫離異。章浩若原本甜蜜和樂的家庭就這樣活生生地遭到拆散。

結束與浩若的關係後，紀琛告別公公章貢濤，帶著四位嗷嗷待哺的稚齡女兒，遠赴陝西西安，投靠在當地一所大學擔任教授的姊姊紀璇。

悲劇並未因此落幕。接著下來的中國大陸全面大饑荒，又將紀琛母女打入了人間煉獄。她做粗工的收入無法養活四位女兒，就在痛哭聲中，咬著牙關將年紀較小的老二銅銅、老三梁梁與老四毛毛轉送給正想抱養嬰兒的人家。他們三人都跟養父母改了姓氏，直到前幾年才明白自己的身世，經由輾轉打探，姊妹們終於在民國七十五年陸續相認。如今，名叫田雅文的銅銅和改名李忠潔的毛毛都已成家結婚生子，仍然住在西安。

名叫勾月的梁梁也已結婚，目前定居於寶雞市。三姊妹的成長過程備嚐艱辛。其中，毛毛十八歲時，養父患重病住院，為支付昂貴的醫藥費，年輕又分配不到工作的養女毛毛連續好幾個月賣血補貼家用，直到養母無意間從賣血所獲「肉票」單中，才查覺到女兒不顧性命以鮮血換取家計後，竭力制止。那天母女兩人哭成一團，為原已貧困淒涼的生活，平添更多的哀傷與無奈。

毛毛的三姊勾月，以在浮梁縣出生而得到梁梁的乳名。她與姊妹重聚後，曾道出一則辛酸的兒時往事。

梁梁說，剛進養父母家初期，她還甚獲喜愛。幾年後，養母又抱來自己親妹妹所生的嬰兒撫養，就逐漸降低對梁梁的感情。曾有好多年的時間，梁梁忍受著遭養父母無名打罵的痛苦。

梁梁噙著淚水告訴妹妹毛毛，十歲左右的一個寒冬的早晨，養父母在她所穿的一件衣服上縫補破洞，持針線的手稍不留意，穿過梁梁肩上的皮肉。小女孩的她，唯恐出聲喊痛會挨打，忍著錐心之苦，不敢訴說。當天夜裡，她痛苦得不敢脫衣就寢。

養母不明就裡，斥責她不聽話，一把將養女拉到跟前，奮力剝下她身上的衣服。剎那間，血肉模糊，梁梁一陣淒厲尖叫，嚎啕大哭，痛楚之深至長大後仍不能忘懷。

三姊妹都很羨慕一直跟在生母紀琛身邊的大姊洛洛。隨母親改嫁繼父黨二利後，洛洛一度更名改姓為黨軍，七十七年又回歸章家姓氏為章軍。

章軍與妹妹們都從母親紀琛的談話中，確知她們與台灣章孝嚴、孝慈兄弟的表兄妹親屬關係，以及三姑亞若生前傳奇般的不幸遭遇。

紀琛雖與亞若緣慳一面，但丈夫浩若經常追憶他和三姐生前姊弟情深的往事，對亞若生平時有所聞。她與浩若劃清界線，結束婚約後，仍因「國民黨特務」罪名，在文化大革命期間，遭到遊街示眾等身心折磨直到七十四年以赴美國探望姊姊紀珍為由，獲得居留權移民美國後，才又一次重溫自由世界的生活。

浩若的際遇比紀琛悲慘。民國五十二年服刑完畢，從東北勞改獲釋返回南昌後，他才發現舊日的家庭已是妻離女散，父親章貢濤因老病故於七年前，長子修純以「國特」「反革命」罪名，不到二十歲就被送進了位於南昌市郊半山地帶的一座勞改營。

章修純難過地說，重獲自由的父親趕往勞改營探望他時，父子兩人淚眼相對，對未來一片茫然，不知前途何在。

自此，生性樂觀的章浩若與師範畢業的次子修維相依為命。井頭巷的大房子與後來遷至的上鳳凰坡住宅，均已遭中共沒收，修維為浩若在子因路一帶向人分租一間小房子棲身。儘管落寞寡歡，章浩若仍能隨遇而安。平日以免費教導鄰居兒童讀書或到奶媽段會香家中串門子，品嚐她特地準備的家常小菜打發日子。就算是往日舊識因擔心他仍是「戴帽子」的四類分子，恐怕遭到牽連而不敢相與來往，章浩若也不在意。民國五十五年「小婆婆」曹筱玉過世，他還幫著料理後事。

粗茶淡飯的平靜日子沒過幾年，又被文化大革命「毛主席萬歲」的呼聲打斷了。章浩若再度遭到批鬥。

這次他被發配到戈陽勞動，民國五十八年因不堪被控成立反革命組織，終於喪失生存的信念。當年八月的一天夜裡，他修書給次子修維，要兒子日後莫再來信，第二天就服毒自盡結束自己才五十三年的生命。勞改單位匆匆將他埋葬在荒郊野地後，才通知修純與修維。

兩兄弟悲痛萬分要設法為父親修墳，竟然得到屍首去向不明的回答。如今，修純與弟弟在新建縣瀛上公墓祖父墓地對面，為浩若所設的墳墓，只是僅具紀念意義的一座衣冠塚。

民國六十八年，中共宣佈實施開放政策後，「台屬關係」一改往日威脅身家安全的負擔，而成為大陸民眾的「新貴」象徵。民國七十五年，章浩若生前罪名獲得政府平反；在勞改營中由青年轉而成為壯年的章修純也奉准自由行動，終於在五十二歲之年結婚成家，他在文化大革命期間坐過「牛棚」的弟弟章修維也在艱難中建立了簡單的小家庭。

二、離散三姊妹

章浩若仰藥自盡時，不僅在台灣的弟弟澣若毫無所知，他失去音訊的大姊懋蘭和四妹亞梅也未能獲得消息。

懋蘭自民國三十八年夏天在南昌與母親相約廈門見，卻從未露面後，就和娘家斷絕了連繫。

依據她如今住在昆明的長女劉守升的追憶，章懋蘭是聽從丈夫劉克勳的勸告，打消了隨同母親逃往台灣的決定，跟著學法的丈夫南下至雲南省有名的風景之都昆明另闢天地。

劉克勳原以為中共軍隊「解放」能力無法達到大陸邊陲地帶的昆明市，說服太太前去暫避風頭，將來再找機會返回故鄉。他還在當地法院覓得工作機會，打算與妻兒相守過一段遠離塵囂的半隱居生活。

然而，事與願違，幾個月後，昆明落入了中共的管轄之手，懋蘭悔怨不及，只好向命運低頭。她在「人民解放軍」的步槍刺刀威脅下，完全喪失了北女師大文憑所依恃的大學畢業生就業機會。之後數十年直至民國六十五年因肺疾復發逝世，她都在鬥爭者的辱罵批判聲中，忍氣吞聲地以替人洗衣、縫製新裳，納鞋底等出賣勞力的工作，幫助丈夫養七位兒女。

懋蘭明白在中共統治下，「國民黨」關係必然帶來禍害，每次中國大陸發動政治批鬥運動，劉守升就會在暗夜中，被神色倉皇的章懋蘭叫到跟前，協助母親焚燒所有可能被指為「歷史反革命」證據的資料與圖片。她清楚地記得，凡是與三姨章亞若有關的物品，母親懋蘭都忍著淚水要她燒毀以免後患。劉守升所知三姨的遺物中，除了她生前十分珍惜的個人照之外，還有一只蔣經國贈送的奧地利製黑咖啡色皮夾，是亞若轉送給大姊懋蘭的。

由於皮夾上未曾留下與亞若相關的明顯痕跡，守昇在母親懋蘭的囑咐下設法收藏至今。

為了安全，劉守升表示，母親章懋蘭走避昆明期間，絕口不提南昌娘家；她與亞若的姊妹之情，也深深埋藏在心底。

守升說，文化大革命時，母親曾悄聲詢問她是否仍然記得大毛與小毛兩位表弟，以及他倆是亞若三姨和蔣經國所生雙胞胎兒子的往事。

守升朝母親點點頭。

母親神色嚴肅地告誡他不可張揚此事，「連弟弟、妹妹都不可以說。」接著還表示也要制止守升的兄長守元吐露任何風聲。

其實懋蘭不提醒，劉守升也明瞭這層台灣關係的致命性。後來嫁人生子，都未曾向丈夫與一兒一女說明她與孝嚴、孝慈的表姐弟血親之情。直到前幾年台灣海峽兩岸關係緩和，她與貴陽的四姨章亞梅取得連繫，章家親人大團聚後，才說穿了這個積壓了數十年的祕密。

劉守升與章亞梅重逢的故事，也發生在中國大陸千萬民眾的身上。民國六十六年，四人幫倒台之前，大陸上民不聊生，幾乎每一個家庭的成員都被迫分離，人人自危。三年後，鄧小平上台，他宣佈實施新的政策，燃起了各地民眾尋找親友的希望，紛紛依靠信件連絡與口頭打探，設法與家人團圓。

在昆明冶金廠做事的劉守升利用出公差的機會，輾轉得到章亞梅居住貴陽的消息時，大約是民國七十五年。她還記得那天，與沖沖地從昆明乘火車抵達貴陽亞梅三姨的居所時，三姨正巧拿著她早先寄來的信件千里迢迢到電信局去，準備與昆明的外甥女通電話。

貴陽，是體型瘦小的章亞梅的第二故鄉。她與丈夫陶端柏及三位繼子也是民國三十八年間離開南昌的。初期在四川落腳，後來遷至貴陽，一住三十多年，現在已經自視為貴陽人了。

在貴陽近一萬天的日子裡，章亞梅始終未對外提起娘家舊事。她說自己刻意埋葬過去，為了安全，也為了寧靜。

近幾年得知三姊亞若的墓地尋獲後，章亞梅最大的心願，是在有生之年與她曾親手抱養過的甥兒孝嚴與孝慈相見，共敘親情。

今年七十三歲的章亞梅，一生中也有著戲劇化的遭遇。這位小學都沒畢業的南昌章家四小姐，曾在民國四十四年至五十一年，丈夫陶端柏因「歷史反革命」罪名入獄服刑期間，以販賣青菜所賺取的微薄利潤，供養三位繼子。

陶端柏出獄後，識字不多的亞梅立定主意要學習中醫醫術。她整日與丈夫要閱讀的書籍為伍，晝夜背誦、反覆溫習，終於在民國五十二年通過考試，獲得中共所核可的中醫資格。在章亞梅的鄰居口中，章亞梅有如華佗再世，她琅琅上口的藥方，連目前在貴陽中醫學院擔任主任的三子陶天錫也甘拜下風，時常要向四姨兼繼母請教。

陶天錫與兩位兄長天左、天右是陶端柏與亞梅二姐懋桃所生的兒子。亞梅在二姐去世嫁與二姐夫做續絃後，就立誓不再生養子女。她說，唯有這樣，才能將全副的母愛放在三兄弟身上。

民國七十二年，陶端柏撒手人世，亞梅頓失伴侶，頹喪了好一段時間後，才在兒子的親情滋潤下重建生存的信心，並且重享與么妹章幽蘭，侄兒修純、修維等人團圓的樂趣。

小名章子的章幽蘭，是亞若這一代七位兄弟姊妹中，唯一留守南昌老家的。

從小被送往昌邑鄉間做童養媳的章子，有一位地主出身的丈夫陶鎔。民國三十四年中日戰事結束，母親周錦華攜子孫自貴州銅仁返回南昌市區故居前，除了到故居北方九江住過一陣子之外，也曾投靠昌邑的小女兒章子。當時，章子夫家正是地方鄉紳豪富，「文化大革命」爆發後，章子的丈夫遭批鬥，在民國六十年被毆打致死。

從此，容貌與體態都和母親周錦華極為相像的章子，帶著兩個兒子在新建縣鄉下過著孤苦的寡居生活。

三、大衍與細衍

中共軍隊迫使章亞若的父母、手足流離四散時，她的兩位唐姓兒子遠波與遠輝也和外婆一家中止了連繫。直至七十八年八月，在亞若侄兒章修維的主動尋訪下，唐、章兩家才重拾舊日的表親之誼。

章修維與哥哥修純年幼時，曾和他們叫做表哥的唐遠波、遠輝玩耍在一起。修維還說，十歲左右曾有與兩位表哥擠在一張床上睡覺，夜裡還尿床的尷尬紀錄。

修純、修維與遠波、遠輝從兄弟情深到成年後不相聞問，固然是亂世中自顧不暇的無可奈何；亞若撒手人世，也是切斷他們之間骨肉血親牽連的主要原因。

亞若病故後，與祖母相依為命的唐遠波、唐遠輝兩人在中日戰事結束，重回南昌時與外婆周錦華會面。唐遠波還一直牢記著兩位弟弟大毛與小毛的乳名，並且念念不忘曾經親手抱過他倆的情景。

大陸河山變色以後與國民黨政府淵源甚深的亞若親屬，一個接一個地在新的政治局勢下委曲求生，無心關切唐家祖孫三人的下落。

而唐遠波和弟弟遠輝在中共主宰下的大環境中，雖也未能避免困厄的際遇，但與早年學業中輟，繼而身陷牢獄的章修純以及數度就業無望的修維，他們的一生卻幸運得多。

章家親友中有人認為，這和唐家兄弟的政治認同中共，年輕時即加入共產黨陣營有關。可是容貌、神韻都與章孝慈極為相像的唐遠波，在接受訪問時，滿面落寞話語幽幽地指出，他與弟弟雖向組織坦白「交代」過與亞若的母子關係，以及母親與蔣經國的交往，但此一淵源有形無形中仍阻擋了他們的晉身之途。

南昌大學畢業，主修電機的唐遠波表示，他雖然參與大陸第一代導彈研究發展，但因政治成分在「組織」看來不夠真純，工作上的升遷時受阻撓，連同事好友也曾打抱不平，卻依然無法扭轉這個現實。

今年近六十歲的唐遠波在邁入中年後，決意向命運低頭。他認定即使是身為資深忠貞的共產黨員，自己的政治前途也不會樂觀，乾脆投注全副精力於跟政治無關的科技工作上。他目前的長沙省家用電器五金工業公司高階職位，和兩位兒子唐戎與唐辛的學有所成，都

圖下／唐遠波（大衍）：亞若長子。
圖上／唐遠輝（細衍）：亞若次子。

是生活上的最大滿足。

分別完成大學教育，如今在長沙和廣州做事的唐戎、唐辛，從未聽父親說起他們的祖母章亞若的生平。唐遠波八月初在長沙家中與台北來客敘談家世，竟然是他首度在妻子與次子唐辛面前回首前塵往事。當他好幾次忍不住情緒激動落淚低泣時，唐辛與母親默默地靜坐一旁，在哀傷的氣氛中，不難體會唐遠波心境的波濤起伏。

對母親亞若，今日的唐遠波有著鮮明的記憶與毫無怨尤的懷念。民國七十二年赴桂林出公差，他曾試圖尋找母親的墓地準備前去祭拜，終因墓址不詳而未遂心願。

歷經人事滄桑的唐遠波毫不隱瞞他與台灣的大毛、小毛的關係，「事實就是事實，沒有什麼好隱藏的！」身材瘦高、前額微凸的他揚起下顎、聲清氣朗的說。

不過，大、小毛成年後在台灣的現況，遠波多次表示並不知情，甚至他倆的學名也是受訪時才確知。外婆周錦華倒是遠波所牽掛的。聽說外婆去世已近三十個年頭時，他眼簾下垂，沈靜了好幾分鐘才繼續開口講話。舅舅浩若、澣若，與他在贛州難民小學同窗的四姨亞梅等人，一一進入話題。他說，他與弟弟遠輝的童年，都曾洋溢著這些親長關愛呵護的笑語。

民國七十一年因直腸癌過世的唐遠輝，一直住在南昌。他的一雙女兒唐音、唐薇直至近年才隱約得知祖母亞若與章孝嚴、孝慈的母子骨肉關係。兩姊妹曾在好奇心驅使下多方搜集這方面的資料，至於詳細情形，仍無勇氣向母親或大伯詢問。

已結婚生兒育女的唐音和唐薇，都有著相傳中亞若最受稱賞的白皙皮膚，和秀麗的五官。她們說，學機械的父親生前雖未明說，但他因母親亞若的政治敏感關係，在工作上無法突破而長年抑鬱，與他五十出頭就不幸病逝極有關連。

兩姊妹的母親也絕口不提婆婆章亞若。她和兒子唐寧在南昌的居所，距離章家故居右營街雖僅咫尺之遠，但在兒女心目中，祖母亞若卻始終像遠在天涯海角般，遙遠、陌生又神秘。

第十二章　蔣經國與雙胞胎

一、外婆與舅舅的苦心

火車進站了。穿卡其布學生制服的章孝嚴，迅速背好書包，與同樣裝扮的弟弟孝慈併肩快步走下車廂，朝新竹火車站大樓前的空地走去。他們知道，稍一延遲，不但要使「奶奶」擔心，還會讓老人家平白忍受更多的風沙之苦。

自新竹市區中央路家中步行至火車站迎回兩位外孫，是章孝嚴、章孝慈升入中壢中學通學唸初中後，周錦華每天傍晚的固定「功課」。年少卻懂事的外孫雖曾幾度懇求七十多歲的祖母不要太過勞累，周錦華仍堅持風雨無阻地天天親自到車站接她心愛的大小毛返回家門。這分溫情，深深感動著章家雙胞胎兄弟，也填補他倆父母不在身邊的空虛。

小小的章孝嚴、孝慈在東門國小讀書時，曾有上、下學時將外婆手製的小布鞋藏在書包裡，打赤腳走路與同學們打成一片的紀錄。

他倆回憶說，民國四十年初，新竹市和台灣大部分地區一樣，孩童、大人因物質缺乏，赤足在市區走動是常見的現象。外婆心疼外孫腳踩在石子路上不舒服，親手縫製布鞋給他倆穿。可是同學裡幾乎清一色光腳丫，為了不想特立獨行，精靈聰明的兩兄弟就想出兩權之計，每天腳穿布鞋出門，走過數百公尺，外婆視線之外，就脫下鞋子藏在書包，四隻小腳走啊走的，跟其他同學完全相像的赤足小孩。放學回家也是如法炮製，臨進門前才從書包裡掏出小鞋套在腳上，既討得外婆歡心，也不至於遭到同學排斥。

現年四十七歲的章孝嚴多次表示，他與弟弟在外婆與舅舅的關愛下物質上雖然貧乏，精神生活卻極為充實，未曾因無父無母而覺得匱缺。尤其讀小學與中學時，校園裡，來自大陸子弟的外省子弟當中，有不少同學的父母身陷大陸。兩兄弟一直認定彼此是同病相憐的朋友，並未刻意猜疑自身的家庭背景。

也就因為不明瞭與外婆之間的實質血緣關係，章孝嚴、孝慈在周錦華於民國五十年因病去世前，一直以南昌方言發音的「奶奶」稱呼她。小舅舅章澣若，也順理成章地是他倆口中的叔叔。直至如今，雙胞胎在澣若跟前，還是沿襲舊習叫他叔叔，未曾改口。

一家之主的舅舅，為謹守雙生子真實父母的祕密，甚至在報戶口時就極具苦心地做了刻意的隱瞞。

民國四十年初，他向新竹戶政機關申報資料時，將外甥孝嚴、孝慈的父母填上兄長章浩若與紀琛的姓名之外，還更改他倆的雙胞胎關係。

到現在與弟弟同年同月同日生的哥哥孝嚴，在身分證上比孝慈足足大了一歲，是民國三十年出生。所以，面貌與嗓音酷似，而且被社會認定是雙生兄弟的他們，在戶籍法律文件上，卻不是一對孿生子。

年幼時，兩兄弟不明白這裡面深藏著的曲折故事，也沒有想到要探究其中原委。不過，他倆都還謹記著外婆所說，身分證上的出生日期並不確實，農曆正月十七日才是他們真實的生日。

可是，依據章家大陸親屬的說法，雙生兄弟是正月二十七日降臨人世的。

這十七日與二十七日以及三十年與三十一年之間的差異，足以說明在自信、堅毅的外表下，章孝嚴兄弟兩人難以對外吐露的隱衷。一般人最基本的出生年月日資料，對分別位居中華民國黨政要職和大學教務長的兩兄弟而言，居然可能是一輩子也無法查證清楚的謎，恐怕更是出乎外人的想像。

為了進一步避人耳目，章孝慈表示，長大後才發現舅舅將自己一雙長幼有序的孩子，改報戶口為雙生子。章孝慈推測，舅舅煞費心思的安排，可能是認為外界如果傳聞說章家有一對雙胞胎如何、如何，可以拿他名下的子女來杜絕外界的好奇打探。

或許就是出於相同的理由，外婆周錦華戶籍上的名字，也在遷居台灣後變更為周景華。她陳放在新竹青草湖靈隱寺靈壽塔的骨灰箱上，就沿用這個名字，但是住在大陸江西南昌的長孫修純，仍以音同字不同的周錦華稱呼已故的祖母。

澣若的種種設計，除了人身安全的考慮外，有人猜想恐怕也有保護蔣經國令名的目的。不過，由於舅舅始終不肯與外甥或朋友詳細談論此事，他當年的真正用意無法確知。章孝嚴與章孝慈至今仍猜不透這位長輩的心思。

舅舅為善加管教三姐的兩位兒子，曾在忙於雜貨店買賣之餘，抽空自學英語與數學，不辭辛勞地擔任孝嚴與孝慈的家教。他們兩人都表示，唸中學時，舅舅可能認為自己年長學習與領悟力較強，通常花費時間專心一意地閱讀他倆的教科書，融會貫通後再傳授給甥兒。

孝嚴、孝慈大老遠每天從新竹搭火車至中壢唸初中，也是章瀚若的主意。他認為，中壢中學有一位老朋友可以全心照顧孝嚴、孝慈。舅舅的苦心，熟識的朋友大都略有所聞，與他同屬一個中國國民黨小組的一位退休公務員就表示，事業上多逢違逆的章瀚若在孝嚴、孝慈上所花費的心思，超過自身的兒女。

這位友人與若干新竹的舊識一樣，在日積月累的交往、觀察下，大都察覺了章家大、小毛兩兄弟的身世隱私，但在政治敏感的忌諱下，多半謹守沈默是金的原則，未敢對外張揚。其中有人還透露，蔣經國早年曾赴新竹章家探視他的雙生兒子，可是身為當事人的章孝嚴與章孝慈都表示並無在新竹會見父親的經驗。

在小學同學心目中愛吃辣椒，又講著一口江西話的章孝嚴和章孝慈坦誠表示，自有明確的記憶起，就三番兩次地從友伴，與時常往來家中的親友們不經意的談話裡，意識到他倆出生背景似有特異之處。哥哥孝嚴最清楚的是，有親戚半認真、半開玩笑地說他與弟弟原來不姓章。

好幾次，兄弟忍不住心中的疑惑，試圖向外婆與舅舅尋求答案。但是，舅舅都斷然否認，而且毫無商量餘地的中止這類問題的討論。

外婆心疼外孫，回覆方式較溫和，可是也不得要領。

長大後章孝嚴回想往事，才體認到他與弟弟每一次詢問，可能都要喚起外婆傷心的記憶，刺疼她老年喪女的心。

對三女兒亞若，以及有實無名的女婿蔣經國，周錦華卻掩不住對他們的懷念。孝嚴、孝慈都記得，外婆不止一次形容他倆的父親「是做大事的人物」，嗓音低沈沙啞，豪氣萬千；母親則娟秀聰穎，一手瀟灑明麗的書法。

深愛三女兒的外婆，身邊帶著的一張亞若中分直髮素雅粧扮的單人半身照，並曾展示給孝嚴與弟弟看。外婆不隱瞞兩位外孫的母親姓章的事實，也是孝嚴、孝慈兩人日益成長後，對身世愈加好奇的原因。

回想起外婆這種近乎矛盾的舉止時，章孝嚴無限感慨地表示，或許是有感情、親情不容磨滅，外婆才在極度隱密的情況下，仍然狠不下向他與弟弟隱瞞他們的親生母親其實是女兒亞若。

既然身分證上的父親是章浩若，母親是紀琛，為什麼外婆又說他們真實的母親叫章亞若呢？況且，從外婆思念浩若與亞若的情形看，兩人應該是同為外婆兒女的姊弟，加上原本是雙胞胎又要報戶口成兄弟等等奇怪現象，都使章孝嚴、章孝慈不能不多加猜疑。他們心底的問號，隨著升入高中，年齡增長後更加擴大，直到外婆以特殊的口吻告訴孝慈有事要講的那一天達到最頂點。

那是民國四十九年底一個寒風颯瑟的冬天，章孝慈迄今仍能清晰的描述當時情景。他說，那天就讀新竹中學的哥哥孝嚴好像因為參加學校活動正出外住宿當中。身體已日漸孱弱，飽受腎臟病折磨的外婆，挺著瘦骨將他喊到眼前，叫著他的小名「小毛」說，過幾天哥哥「大毛」回家，外婆有一樁重要的事要告訴兩兄弟。

敏感的章孝慈立即感受到外婆話語中不尋常的音調，他沒有追問，點點頭表示遵從的意思。

沒幾天，哥哥回家了，孝慈偷偷地轉告哥哥孝嚴，兩人等著、等著，卻久久不見外婆提及那樁重要的事情。他們按捺著內心的好奇，以為向來思慮謹慎的外婆必有盤算，所謂「要事」的內情總有水落石出的一天。

誰知道，病魔卻早早失去了耐心。民國五十年二月，在與孝慈一席談之後不到兩個月，外婆就因病重逝世家中。她闔上雙眼遠離人世的前一天夜裡，同房的兩位外孫還向外婆道晚安，第二天清晨醒來，卻發現他們相依為命的至親已安然走入人生的另一個世界。

二、成長與傳聞

外婆靜悄悄揮別生命旅程那天，是章孝嚴兄弟一生難忘的日子。

那是民國五十年初冷冽深冬的一個清晨，弟弟孝慈揉著惺忪的睡眼跨下他與孝嚴哥哥從小共用的雙人竹床後，意外地發現平日總是搶在曙光露出前起身張羅送外孫上學的外婆，仍然閉目側臥在簡陋的同房間中，另一個角落的單人小床上。

孝慈走到床前，低聲喊「奶奶」，「奶奶」毫無聲息。一陣不祥之感頓即湧上心頭，他用手推，也沒有反應。這時，孝嚴也已清醒。再叫、再喊、再推，都沒有用！兩兄弟終於意識到淚水與傷痛也喚不回他們親愛的外婆了。可憐十八歲尚未走過人生世故的孝嚴與孝慈，就這樣在驚恐中親眼目睹了死亡的殘酷。

悲哀逾恆的章家兒孫，依照老太太生前的願望，請來她曾讚不絕口的一支鼓號樂隊為她送葬，並且將她的骨灰安置在新竹市郊青草湖靈隱寺的靈壽塔裡。以後的每年祭日，孝嚴、孝慈都與舅舅一家前去誦經膜拜。二十多年下來，靈壽塔的管理人員大都知道，他倆的外婆安息在這個地方。

外婆晚年病重，對章家真是無奈的折磨。孝嚴、孝慈記憶中，體質瘦弱的外婆去世前好幾年，飽受腎臟病之苦。經商平平的舅舅章澣若無法負擔她龐大鉅額的醫藥費，只好投身於中醫醫術研究，親自擬藥方，熬藥湯，設法在家境拮据下為母親治病。

眼看外婆在家計入不敷出的困厄中備嚐貧病交迫的煎熬，孝嚴、孝慈為自己的束手無策滿心感傷。堅強的外婆卻從來不在兒孫面前叫苦。

她叮嚀雙胎胞外孫勤奮念書，告訴他們養成完整的人格與豐富的學識，才能突破現實愁城。孝嚴、孝慈聽從外婆的囑咐，平素除了打球、游泳鍛鍊身體，和參加課外活動外，幾乎將全部時間與精力投注在書本裡，期待以進入大學，做為邁向光明前程的第一步。

兩兄弟結束中壢中學的初中學業後，哥哥孝嚴考進省立新竹中學念高中；孝慈則進入近郊的私立義民中學。這也是雙胎胞就學以來，首度在不同的校園裡念書。

直到外婆病逝的高中畢業前夕，孝嚴、孝慈仍然並不明白他們的蔣家父系背景，在粗衣淡食的清苦生活中安然自我期許。這時的他們，當然更從未想到位高權重的蔣中正是兩人血統上的祖父；而那位青年學子眼中仁民愛物的救國團主任竟然是自己的生身父親。

對照當時台北蔣家與新竹章家截然不同的生活環境，有人覺得不可思議；也有人感到難以想像；更有人認為這個事實有損蔣經國的形象。

章孝嚴兄弟卻認為，他們所走過的日子，可以說是一種幸運的考驗。兩人表示，從另一個角度看，生長在平民之家，不知道父親的真實背景，恐怕更有益於他們兩兄弟的淬礪進取。章家親屬中雖然有人惋惜雙生子原來的「蔣」字姓氏在各種敏感考量下改換姓「章」後一直未能歸宗。章孝嚴卻能從光明面思考。他說，這冥冥之中的安排恐怕更具有激勵他與弟弟的作用。在最近一次閒聊中，章孝嚴曾感慨地指出，若非舅舅的決定，他與弟弟孝慈年幼開始很可能就會因為自己「蔣姓」卻身在章家的猜疑，而陷入情緒偏激，無法正常成長。

回顧章孝嚴、孝慈以新竹為第二故鄉的過去，他倆的身世之謎得以隱藏至十八歲入大學時才正式揭曉，章家的貧寒，恐怕還是最有效的護身符。據中央路的一位舊日鄰居指出，從那些年章家破陋的建築，與章澣若一次次更迭職業，經常寅吃卯糧的境況看，不熟悉章家內情的人，很難相信這個寒微的家庭裡藏著兩位蔣經國的後代。

這位目前仍住在中央路附近的鄰人，是章家負責照顧雙胞胎的那位傳令兵王連玉的好

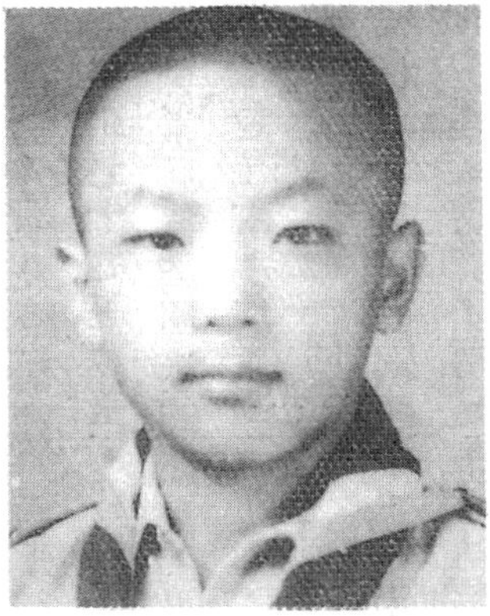

圖上／孝慈初中及服役時。
圖下／孝嚴全家福。

友。他接受訪問時，言談間對王連玉與章孝嚴兄弟的僕主關係，依舊保持高度警覺，再三強調數十年章孝嚴在新竹的童年與青少年時代，他倆與蔣經國的骨肉之親，是明白其中隱情者視之為最敏感的機密。

這位鄰居還指出，民國四十年代，曾有居住中央路的民眾眼尖，認出前來探視兒子的蔣經國。

這段新竹父子會之說，卻無法得到章孝嚴與章孝慈的證實。在他們的記憶中，並無與父親在新竹中央路相會的鏡頭。

年逾七十的王連玉，在他位於新竹仁愛街的一間小平房中接受訪問時，也提出了一段孝嚴、孝慈無法回味的往事。

王連玉說，他民國三十二、三年前後，在河南洛陽投效在軍中任上校的章浩若後，就應浩若之請隨他一同赴貴州銅仁就任縣長職務，並奉命做了大、小毛——孝嚴、孝慈的「專任保母」，直到民國四十二年才離開新竹章家自立門戶。

王連玉透露了兩兄弟年幼時曾親口說過是蔣經國兒子的故事。

他說，在大陸時期，大、小毛才四、五歲時，有若干次他雙手牽著兩位小朋友逛街遊玩，有好奇民眾眼見這一對雙胞胎模樣相像，十分可愛，經常忍不住上前詢問這麼好玩兒的一對兄弟，是什麼人家的小孩兒，爸爸是做什麼的？

「我爸爸是蔣經國！」兩兄弟天不怕、地不怕的高聲回答，經常使得旁觀者心頭一驚，甚至有人怕「麻煩」立即走避。

王連玉這樣栩栩如生的描述，章孝嚴兄弟聽來也覺得有趣，只可惜已超越了他倆的記憶所及，不能有所共鳴。

關於章孝嚴、章孝慈的身世，多年來傳聞紛紛，其中最離譜的，是章亞若並未於民國三十一年逝世。有人說她隱居到歐洲的瑞士與世隔絕；甚至還有人言之鑿鑿地說，這位女士曾隨政府來台，一度住在台北附近。

這些說法，章孝嚴、孝慈都視為無稽，他們相信母親病故桂林醫院的事實，並且從舅舅章澣若老年得眼疾堅持不肯入院治療的情況推斷，亞若不明不白地在醫院裡喪命，一直是弟弟澣若心頭的陰影。

澣若在中央路家中，一度掛名「大同碾米廠」經營米店，也曾被指是因為蔣經國的關係，才能夠取得廉價軍米出售。章孝嚴則滿懷傷感的指出，若是靠「關係」，舅舅恐怕不至於一下子賣煙酒，一下子配售報紙，過不久又改成賣米，做小店的生意始終無法興隆進財了。

在民國七十七年首度公開向外界陳述年幼時的貧苦生活後，章孝嚴曾接到素未謀面的關心人士來電話，指稱他的說法可能對國人一向尊崇的蔣經國先生不敬。

不過，事實就是事實。章孝嚴回想起當年他與弟弟外婆共住中央路小磚房的閣樓式二樓臨街的房間，仍然對地板上破洞纍纍，低頭可直視樓下騎樓上的水泥地的情景印象鮮明。

雙生子推斷，他們那樣的艱苦生活，很可能是在政治道途上奮進邁步的父親所不知情的。章孝嚴記得十八歲以前，曾見過王昇伯伯至新竹家中訪晤。他每次來訪，都將所乘的吉普車遠遠停在巷子口，可能是避免惹人注意。

社會上一般傳說王昇與宋時選奉蔣經國之託代為養育照顧章孝嚴、孝慈，也與事實差距極大。這兩位當事人雙胞胎直到讀大學一年級，從王昇口中證實父親的身分後，才結識宋時選，而王昇擔任雙胞胎與蔣經國間的溝通橋樑，也是兩兄弟成年後才開始的。

三、父與子

民國五十年，是章孝嚴與章孝慈人生轉捩的重要一年。年初，他們失去了外婆；年中，孝嚴考上淡江外文系（後轉學東吳），孝慈則上東吳中文系；年底，從王昇的描述中，確認了自己是蔣經國的兒子。

對於身世，兩兄弟都能以自信坦然的態度面對現實。不過，個性比哥哥孝嚴內向的弟弟孝慈提及父母時，經常表現得較為感傷。一位接近他的友人就表示，外界以蔣家第三代稱呼孝嚴、孝慈，孝慈本人卻不全以為然，曾向好友吐露身為庶出之子，實在談不上是蔣家後代的心聲。

七十八年夏天接受訪問時，章孝慈極為坦白地形容他在十八歲時，約略明瞭母親章亞若與父親蔣經國的一段情以及母親悲慘的遭遇後，「滿心無奈與痛苦」。

那時候，家境仍然清苦，雙胞胎註冊就讀東吳大學，還要依賴學校寬容的分期付款政策才能繳足學費。章孝慈曾經承認，士林或大直官邸，對他而言，既遙遠又抽象，無法具體想像那種地方與自己的實質關係。

為了減輕舅舅的負擔，自新竹遷來台北住宿唸大學的孝嚴、孝慈，各自以工讀與家教等兼差方式，自謀生計。他們也逐漸自王昇伯伯的敘說裡了解母親在贛州期間活潑、外向的性情與聰穎的工作能力。對外，兩兄弟依然緊閉雙唇，不對身世透露任何口風。章孝嚴的妻子黃美倫就說，與丈夫結婚前，並不十分清楚他與蔣經國的父子關係。

章孝嚴在外交部的同事，也都是與他認識好幾年後，才間接得知他身為蔣經國親生子的事實。

東吳大學外文系畢業的章孝嚴，是通過外交特考進入外交部服務的。學法律的孝慈，則是歷經一番曲折才取得了東吳法學士的學位。

高中時代的孝慈並不知道外公章貢濤一度掛牌做律師的淵源。他說是受了舅舅因欠債遭近親控訴，房子曾經被地方法院查封的刺激，才立志學法的。

然而，大學聯考卻將章孝慈分發到東吳大學中文系。轉系不成後，他獲得文學士學位，當兵、教書一年後，又鍥而不捨地返回母校，自法律系二年級讀起，得償宿願。也因此，章孝慈成了少數擁有國內大學兩個學士學位的「特殊」人物。

當哥哥孝嚴立意在外交界尋求職業外交官的藍天綠地時，孝慈發下三十五歲以前全心唸書的宏願，他在美國取得了兩個碩士與一個博士學位後，才在自己主動推薦下，返回母校東吳大學教書，那一年，他三十五歲。

從完成大學學業到就業、成家、雙胞胎的發展，據推斷，一一都由當年被認為是蔣經國親信的王昇轉達給他們的父親。

可是，這長時間當中，政壇仍視他們與蔣經國的關係為絕對不可公開談論的禁忌。數十年來，台灣各地街頭巷尾，有關章孝嚴兄弟的小道消息綿綿不斷，新聞媒體上卻從未出現這樣的報導不說，一般風聞此事的民眾私下好奇地爭相傳誦章姓蔣家雙生子的故事時，也大都保持高度警覺，唯恐因任意散播而惹上麻煩。

蔣經國對孝嚴、孝慈的奮發上進，十分欣慰。章孝慈赴美國深造的旅費，據說就是父親補助的。章孝慈今年唸高二的兒子章勁松，與小學六年級的女兒章友菊，均由祖父蔣經國命名。

勁松，是與孝武的兒子友松之名相呼應；友菊，則與孝文的獨生女友梅、孝武的女兒友蘭，構成一幅「梅蘭菊」和諧融融的美好圖畫。

章孝嚴的三位子女中，長女蕙蘭與次女蕙筠也由他依著蔣家習慣，為兩位女兒承襲了名字中花朵的韻致。獨子也是老么的章「萬安」，則是祖父蔣經國親自交代為了紀念雙胞胎成長之地而取的。

在這些微妙的命名哲學裡，蔣經國用心深刻但又含蓄技巧地表達了他對兒孫的祖父愛；也等於非正式的將孝嚴、孝慈納入蔣家第三代的大門。

章孝嚴入外交部服務，首度正式外放時，還與父親有過一段筆墨溝通的往事。那時，已結婚的章孝嚴，結束比利時的法語語文訓練，返回外交部祕書處服務後，完全不明瞭他特殊身世背景的外交部主管，決意派遣他赴舊金山領事館正式體驗外交官的滋味。

王昇傳來父親蔣經國為兒子優異表現感到驕傲的安慰，但也擔心孝嚴遷入華人眾多的舊金山，可能易於引起僑界對他身世的探究。

依照王昇的描述，蔣經國希望孝嚴暫時不要外放，繼續留在外交部，等待將來的晉升機會。一心一意要接受外交官實務工作磨練的章孝嚴卻不這樣想。他諒解父親的顧慮，但也不願放棄自己的職志。

左思右想後，章孝嚴書寫了一封字句懇切的萬言信給近在行政院的父親，央求父親協助他完成外放美國，迎接外交官生涯挑戰的心願。

開明的蔣經國又驚又喜地同意滿足兒子的願望。幾天之後，外交部發布新的外放命令，轉派章孝嚴至華人較少的華府大使館服務。

由舊金山至華府，很可能是蔣經國的折衷之計。有人判斷，兒子孝嚴的書面抗爭，非但未曾激惱蔣經國，甚至可能因而贏得一向具主見、堅持信念到底的父親更多的喜愛。

在這父子相爭的插曲之前，外交部上下官員仍然無人知曉章孝嚴的身世。外放命令的轉變，據說是出自當時的部長沈昌煥之手，這可能也是沈昌煥首度確定章孝嚴與蔣家家族的淵源。

十分巧合的，數年後，弟弟孝慈也與父親有過一段書面溝通。這次，兒子談的是高雄事件受刑人林義雄提前假釋的法理問題。了解內情的人士指出，學法律的章孝慈有勇氣就如此敏感之事向蔣經國建言，恐怕多少也得到父親的刮目相待。事實上，蔣經國對雙胞胎成年後各自在事業上的堅持與努力，極為歡心。

前往華府赴任的章孝嚴，確未負父親所望，他不僅利用工作之餘，夜間進修取得了華盛頓喬治城大學碩士學位，還練就一口流利的英語，成為他在外交部逐步上升，平步青雲的資產之一。

民國六十四年四月五日，先總統蔣公逝世，章孝嚴向長官——駐美大使沈劍虹請假回國，由王昇安排，在祖父蔣介石靈前行禮致詞。他的匆匆返國之行，引起駐美使館同僚注意，才驚奇地查覺到他是蔣經國與章亞若所生雙胞胎中長兄的事實。

之後沒多久，弟弟孝慈就返回東吳大學法學院任教，逐漸在教育界嶄露頭角；哥哥孝嚴也從外交部北美司科長、副司長一路做到司長。

民國七十年代初期，他倆在事業上的成就已被肯定，但他們與蔣經國的關係仍是中華民國的最高禁忌。新聞媒體的廣播、電視與報紙，從未報導蔣經國與雙生子的消息。甚至章孝慈以法學者身分受邀在電視公開發表短評，還有莫名其妙無故被中止的紀錄；國內一家具規模的廣播電台主管也表示，七、八年前，他們曾奉命不可在節目中播出章孝嚴與章孝慈的聲音。那時有名的黨外雜誌經常因為刊登孝嚴、孝慈的母親，及他們與蔣經國關係的文章而遭政府查扣。

一位資深具規模報紙的政治記者進一步透露，他曾被「有關單位」叮嚀，千萬不可在報端報導蔣經國與章孝嚴、章孝慈的事。

這些種種衝擊著章孝嚴兄弟的心情，但卻無法打倒他們的高度自我期許。一次私下與朋友談及可能因身世遭到刻意阻礙時，章孝嚴面色落寞但語氣堅定地說，無論自己的父、母親是誰，就算是身為中華民國國民，也有力求工作表現，開創幸福前途的權利。

傳言與好奇繼續不斷地圍繞在他倆身邊。父親與他們也隨著時光的逝去益加父子情深。「中間人」王昇奉派出使巴拉圭後，他倆兒女的成長和家庭狀況都由父親所信賴的另一位親信代為轉達不說，每年過年、中秋與端午節，雙胞胎也都得到蔣經國的紅包賞識，溫情與關愛補償了他們不能隨侍父親身側的遺憾。

蔣經國去世前幾年，對雙生子的思念與孺愛日益濃厚。他的眼力不好，特地將孝嚴、孝慈兩人的全家福照片放大帶在身邊，經常拿出來睹照思人。

民國七十六年底，蔣經國在病魔侵襲下依舊屹立不搖地宣佈解除戒嚴、開放組黨，並且允許民眾赴大陸探親等突破性開放政策。在他堅強的外表下，國人對他病入膏肓的身體毫不知情；在他和藹可親的笑容下，更無人了解他心底深處對章亞若深切痛心的思念。

第十三章　真相大白

一、蔣經國的祕密

愁雲又籠罩在台北市近郊北安路的大直官邸裡了。年高且病痛纏身的蔣經國受高燒之苦而陷入昏迷沈睡中，床邊陪同著的家人與親信都緊蹙雙眉，滿面難安。這時是民國七十六年的秋天，由蔣經國一手推動的解除戒嚴、開放組黨和准許民眾赴大陸探親等突破性政治改革措施，正按部就班地進展著。儘管這位中華民國元首治國的魄力與睿智廣受國內、外肯定，病魔卻毫不留情地侵蝕著他即將走過七十八個年頭的身軀。他輾轉呻吟，喃喃地述說著……。

突然間，一串串模糊的語音有如雷電般震住了身旁兩位陪同者的心頭。他們屏住氣息，仔細分辨出病中的蔣經國似乎正輕聲呼喚著那位章亞若女士的名字。

章亞若？是的，是章亞若！時隔近五十年，外表剛強理智的蔣經國終於無法掩藏他對這位戀人的深沈懷念，在這一次不自知的睡夢裡，吐露了心底深處的秘密。

巧合的是，就在差不多同一時間，章亞若在大陸的侄兒與妹妹，分別設法透過友人的協助，將亞若墓地已尋獲並由桂林市政府撥款略加整修的消息，間接傳達給她在台灣的兒子章孝嚴與孝慈。

蔣經國病中吐心聲，據說後來也由當時在場的親人告訴章孝嚴與孝慈。他倆跟同父異母的兩位弟弟蔣孝武與蔣孝勇由生疏甚至敵意而發展成現在的相敬如賓，互有扶持，據接近蔣家人士透露，多少也與他們的父親蔣經國那次對章亞若形諸於具體言談的思念有關。

這位人士並且提出了一個無法證實的推斷說，孝武、孝勇很可能因而確定父親與雙胞胎兄長的母親章亞若之間的一段真情。

蔣家另一位親信則指出，四兄弟的祖母蔣夫人宋美齡女士為了融合蔣家第三代的手足親情，曾刻意扮演協調人的角色。

不論實情如何，蔣經國生前對如何處理均已成年的孝嚴、孝慈與孝武、孝勇的關係，恐怕也有外人難以理解的無可奈何與難言的隱衷。

事實上，從民國三十一年夏末章亞若去世之後，蔣經國似乎就立定決心將這段舊情埋藏在心坎深處。

那位曾在專員公署做主任秘書，後來求去赴桂林市府任職的徐君虎就表示，章亞若病逝桂林年餘後，蔣經國有一次前來洽公。他陪同蔣經國四處走動，抵達灕江一帶時，曾提醒蔣經國說亞若墓地就在附近，問蔣經國是否有意前去祭拜。

「莫要再提此事了！」徐君虎記憶中蔣經國略帶慨嘆地說完這句話後即不再言語。徐君虎明瞭蔣經國創痛仍在，也識趣地未再提起章亞若。

政府自大陸遷來台灣後，蔣經國在父親蔣中正的培植與自我奮發下，逐步走上中華民國的政治舞台。他身邊輔佐政務的友朋屬下也日益增多，當年贛州的舊屬雖然仍圍繞四週，但了解蔣經國處事原則的幹部指出，為廣納雅言，並便於領導，蔣經國在台灣站穩政治腳步後，曾經設法多方啟用且賞識毫無贛州與青幹班背景的才智之士，極為明顯地避免遭專員公署時代的同僚或朋友包圍。

這位幹部認為，蔣經國這樣做，是在實踐他特有的領導哲學，與在贛州跟章亞若譜下的戀曲應無太大關聯。

不過，另一位也曾是蔣經國專員公署幹部的人士透露，為了淡化與章亞若生有一對雙胞胎的事實，蔣經國自民國三十一年底亞若逝世後，養成了一個認養孤兒的習慣。他的義子中，有人如今仍在政府單位服務；也有人因行為不檢而遭到蔣經國斷絕義父、義子關係的懲罰。

蔣經國認養這些外人並不知情的義子，一方面出於他仁民愛物的慈悲之心；另一方面也有轉移外間對他雙胞胎親生兒子注意力的用意。

對於孝嚴與孝慈，蔣經國始終保持著謹慎的父愛與關懷，他從未在公開場合與他倆同時露面，也不輕易與親朋近友談起兩位兒子。

據章孝嚴回憶，他接受大專預官訓練那年，父親蔣經國是首次例外未在結訓時前去致詞並探視受訓青年。後來他出任外交部北美司司長，也刻意迴避了陪同外賓晉見擔任總統的蔣經國的尷尬場面。

有趣的是，在公職道途上表現優異的章孝嚴，不止一次獲頒署名總統蔣經國的褒揚獎狀。這些珍貴的文件，如今都懸掛在他的書房中。

民國七十年代起，章孝嚴與章孝慈兩兄弟各自在外交與學術界嶄露頭角，他倆的父親深感欣慰。

眼看這一對雙生兒子成家立業各有成就，上了年紀的蔣經國在政治等敏感考量，必須忍受著近在咫尺，卻無法經常與他們共敘天倫的痛苦。這種父子不能公開相認相親的精神折磨，恐怕也是一般人不能理解的。

儘管如此，雙胞胎與父親間確曾私下相會。據親近人士透露，蔣經國生前，孝嚴、孝慈有過經人安排赴總統府探視老父的經驗。不過，關於這一段，當事人的章孝嚴兄弟堅持列為高度隱私的機密，在他們與身世有關的隱密世界裡，除了公開表示深愛著父親之外，如何與父親相見；以及曾否以爸爸稱呼蔣經國等問題，都是外人無以探究的禁地。

二、遲來的肯定

桃園開往台北方向的一輛私人汽車駕駛座上，面色凝重的章孝慈默然不語著。身旁他唸高中一年級、一百七十八公分高的兒子章勁松察覺到車內低沈的氣氛。他轉頭看，只見父親臉上淚水湧出了眼角，不禁驚異地叫了起來。

章勁松與父母、妹妹一家人才從大溪故總統蔣經國的陵寢致意歸來，不明白父親章孝慈情緒上的天翻地覆。

民國七十七年一月十三日下午，中華民國民眾失去了他們的元首蔣經國；章孝嚴與章孝慈則永遠喪失了有生之年由父親親身相認的希望。

那天傍晚，章孝嚴以外交部常務次長身分在外交部主持晚宴，接待訪華的美國國會議員助理們。大約六點半左右，他接到妻子黃美倫撥來的電話，說是有朋友告知，經國先生已在當天下午過世。

噩耗打擊著章孝嚴，他強忍心中哀傷，匆匆結束宴會後，立即設法與弟弟孝慈連繫，但始終不能如願。

時間一分一秒的過去，當晚將近九點時，台灣的三家電視台先後以新聞插播方式報導了全國民眾擔憂已久的壞消息。事先毫不知情的章孝慈，突然從電視上獲知父親已經與世長辭後一度木然。接下來很長一段時日，他與哥哥孝嚴都沈浸在極度的悲傷中無法平靜。

父親去世而未能親自陪侍在旁送終，固然是雙胞胎生生世世無法彌補的遺憾，但他們歷經喪父之痛而能獲得來自各方關心人士誠意的慰藉，卻是一種難言的意外。

民國七十七年一月十四日，現任中華民國總統李登輝依憲法繼任元首職位的第二天，章孝嚴就在外交部常次辦公室，接到了來自李總統的慰問電話。接著，海內外的同事朋友紛紛不約而同地以電話或卡片，向章孝嚴、孝慈表達了弔唁與傷痛之意，這種視他們為蔣氏後代的具體真情，在孝嚴、孝慈的內心底處深深留下難以忘懷的感激與感動。

事實上，章孝嚴與章孝慈踏出校門服務社會二十多年以來，身旁週圍的友人，無論深交或新識，對他倆身為蔣經國親生子的身分，始終抱著心照不宣，絕不私下探究的高度尊重。蔣經國病故後，這些朋友們首度表示早已了解他們的身世背景；這也是這一對雙胞胎第一次感受到以往從不知道的世間溫情。

章孝嚴在外交部的一位老同事，最近接受訪問時表示，民國六十四年四月，正在華府服務的章孝嚴因先總統　蔣公故世而請假返國時，華府我國大使館的同仁們就開始傳佈著章孝嚴兄弟是經國先生之子的消息。那幾年，曾有善意的使館同事，在看到與章孝嚴母親章亞若女士有關的文字報導時，總是默默搜集，暗中放在孝嚴的辦公桌裡供他閱讀。

面對面時，這位與孝嚴共事近二十年的好友，從未主動詢問有關章孝嚴父母的種種。「這是非常令人難過傷心的事，何必再刻意提起呢！」章孝嚴的這位外交戰場上的戰友至今仍然保持著這樣的善體人意。

這位被認為才智能力與章孝嚴相當的傑出外交官，在民國六十八年底美國宣布與我國中止外交關係後，奉派駐美擔任重要職務。蔣經國去世前，他每次返國述職，都要赴總統府向總統報告中美關係發展，與經國先生會面之頻繁可能超過了章孝嚴與父親相見的次數。

外交官朋友了解孝嚴對父親的情感，每次步出總統府，總是設法立刻與也負責中美外交的章孝嚴見面，告訴他晉見經國先生的情況，以及經國先生對公務上的指示。

每一次這種公私兼顧的交談中，這位好友都不提起蔣經國與章孝嚴的私人關係，但每一次，他都選擇以輕描淡寫的方式，將經國先生的健康狀況告知做兒子的章孝嚴。孝嚴聽在耳裡也不多問；可是看著他雙眼閃現著關切的光芒，這位朋友相信自己的做法是正確的。

先總統　蔣公去世時，章孝慈正好在美國德州深造，因為不能分身而未與哥哥孝嚴一起回國。

蔣經國逝世時，王昇已外放巴拉圭，人在台北的章孝嚴與孝慈，由蔣孝武安排，到榮民總醫院父親靈堂前表達了哀思；他們也曾於父親做七忌日赴大溪謁靈祭拜。章孝嚴在外交部設置祭奠經國先生靈堂期間，每天早上都前去鞠躬致意，他不忌諱可能因此引發部內同仁奇異的眼光；而外交部同事眼看這位次長善盡人子之思，也極為尊重，不認為這是閒言閒語的話題。

儘管如此，在蔣經國奉厝大典，以及後來政府舉辦的逝世週年紀念會等公開場合中，都未出現兩兄弟的身影。

面對這種現實的無奈與悲涼，孝嚴、孝慈掩不住深重的傷痛。七十八年春天，弟弟孝慈偕家人赴頭寮返家途中，就禁不住悲從中來而黯然落淚；七十八年一月十三日經國先生去世週年，政府要員齊集總統府舉行紀念大會那天，章孝嚴取消了公務上的邀宴，閉門家中回首前塵往事，心頭也是無限沈重。

幸好，孝武與孝勇的善意；叔叔輩蔣緯國的關愛；以及社會大眾正面的評價，都為章孝嚴與章孝慈兄弟的生命旅程注入了極大的助力。

如今孝嚴與孝武公開場合關切相會的鏡頭，經常出現在報紙新聞報導與電視畫面上。

四位兄弟中，目前以最年長的孝嚴因為外交工作關係，和擔任我國駐新加坡代表的孝武建立了公私兼具的情誼，七十八年春節孝嚴全家赴新加坡旅遊，就借住在孝武家中，兩家人一起逛街、游泳其樂融融。

孝勇並曾扮演過孝慈「益友」的角色。那是民國七十七年中國國民黨召開十三全大會前後，孝慈為了是否要向新竹縣長進軍投入公職競選行列而舉棋不定。他找了一個機會與孝勇懇談，據說孝勇的建議是「蔣家人」在現階段政治環境下不適宜競逐地方首長職位，蔣緯國和孝嚴也表示相同的看法。

在這次國民黨的集會中，孝嚴、孝慈與孝勇都以高票獲選為國民黨中央委員，更被認定是無數的國民黨員將他們對黨主席蔣經國的崇愛，移轉到了他的子嗣的身上，蔣經國與章孝嚴、孝慈的父子關係也等於首度得到大眾的公開認可。十三全大會期間，包括國民黨黨營的中央日報等報紙，都刊登了以蔣家第三代形容孝嚴、孝慈兩人的新聞報導。數十年來，這一對兄弟敏感又不能公開的家世背景，終於正式退下了神祕的外衣；蔣經國與章亞若相戀生子的事實，也不必再塵封在禁忌的謎團中任人猜疑。

第十四章　尾聲

章孝嚴與弟弟孝慈悲劇色彩濃厚的家世背景正式公開後，兩兄弟固然贏得了普遍的同情與肯定，但緊接著也面臨了社會上近乎苛刻的批評與要求。其中，少數民眾將他們歸類於「權貴」世家，認為這對雙胞胎今日各自在事業上的成就多少得利於父祖的餘蔭。

民國七十八年底自外交部常務次長任內轉調國民黨海工會主任的章孝嚴，自從民國五十六年進入外交界後，就一路順坦節節上升，他遠遠超越前後期通過外交特考同事獲得今日的地位，就有不少外交部內人士認為是他與蔣經國骨肉血親的良性反應。章孝嚴倒始終不肯承認，堅信他本人的努力才是主要關鍵。

做弟弟的孝慈也認為外界以他與哥哥是蔣家子孫，一筆抹殺他們的奮鬥與進取未免不公平。不過，現任東吳大學教務長的章孝慈坦白表示，與經國先生的關係，確實「方便做事」。比方，他要聘請較優秀的師資或與社會地位特殊的人物商談棘手問題，可能就比一般人便利許多。

也因為明瞭他倆備受社會矚目的公眾人物立場，孝嚴與孝慈益發傾向於高度自我期許。一位他們的親人就指出，這對雙胞胎兄弟無時無刻不注意著要將自己最好的一面呈現在大眾眼前。孝嚴勤練網球與高爾夫，孝慈天天慢跑，就都帶著以鍛鍊身體刻意砥礪恆心與毅力的自苦意味。

兩兄弟的名聲，隨著政府大陸開放政策，傳入遠在台灣海峽對岸母系親屬耳中之外，也引起了浙江奉化縣溪口鎮的注意。根據蔣經國遠房侄兒蔣中偉以及經國先生母親毛夫人一位遠親毛炳岳的描述，溪口蔣氏家族數年前確知孝嚴、孝慈兄弟的蔣家後代身分後，大都認為他們的蔣姓宗嗣地位不容置疑，甚至蔣中偉接受訪問時還說，章亞若與蔣經國的夫妻之實已獲得溪口同宗親友肯定，只要在台灣的孝嚴、孝慈兄弟願意，他們願意協助兩兄

蔣經國遠房侄兒蔣中偉(中)
及經國先生母親毛夫人
遠親毛炳岳(左)。

弟回歸父姓。他表示，近二年來，曾在溪口接待十幾位自台灣返回溪口探親的蔣姓宗親，多次提及台灣蔣家後代的現況。台灣宗親裡，有人認為經國先生生前未能讓孝嚴、孝慈歸宗，是他功業彪炳的一生裡唯一的遺憾。

蔣中偉並且表示，民國三十八年前後所修訂的蔣氏家譜中並未列入孝嚴、孝慈的姓名，將來再修正時，必然建議宗親將他倆納入家譜當中。蔣中偉相信，這種做法不僅完成蔣經國的遺願；「毛夫人的在天之靈，想必也是非常贊成的。」

對於溪口蔣家的認同，章孝嚴兄弟深受感動之餘也獲得了極大的鼓勵。據親近人士透露，經過多番思考，兩兄弟已認真商量歸宗的時機與方式。照目前的情勢看，章孝嚴、章孝慈改姓蔣孝嚴與蔣孝慈只是時間早晚的問題了。

後記

「蔣經國與章亞若」的報紙連載故事進入尾聲了。很高興這兩個月來每天都要忐忑不安地面對各類讀者嚴格批判的心裡壓力終於解除；但也很遺憾這段日子裡從外界回響中所體會到的酸甜苦辣心得就要結束。

讀者熱烈又廣泛的反應，是撰寫這篇文字前所未料到的意外收穫。這些陌生朋友的來信或電話交談裡，有讚美，有苛責，也有煞有介事的認真討論。其中，最讓我印象深刻，至今仍心驚肉跳的，是那位江西口音老先生憤怒吼叫著要將像我這樣的人全都槍斃掉的聲音！

奇怪的是，這位不滿意「蔣經國與章亞若」刊登在報端的老先生，是遲至十二月底，故事發展到末期時才發出抗議之聲。

還記得那天上午人在辦公室，總機接來不知名人士的電話後，心中已料想可能又和連載篇章有關。立即抱著經驗多多來者不拒的心情勇敢「迎戰」。為博取對方好感，當時還頗有心機地清清喉嚨，幻想利用柔美低沈的嗓音化解可能來臨的一場斥罵。

沒想到，「招數不靈」，電話另一端的老先生劈頭就怪我不該寫蔣章種種，並且鄭重指責「女孩子」更不應當做這樣的事。

如此嚴厲苛刻，又不容解釋的批評立刻嚇到了我。眼看身邊同事虎視（耳聽？）眈眈，為保全自尊，只好摀住話筒，壓下嗓門請老先生息怒，有話好好講。

可惜，老先生不但怒火不消，還氣上加氣，恨恨地說：「像你們這樣的人應該全部都槍斃掉！」

槍斃！槍斃！又槍斃！老先生上氣不接下氣，發洩完畢後，碰的一聲掛上電話。我答不上腔，眾人眼前又下不了台，只好訕訕然地輕輕放回話筒，假裝是正正常常地結束這次電話對談。

其實，這時的心裡面七上八下又驚又怕，無法理智衡量，為了這篇故事而遭「槍斃」，送掉性命是否值得！

「槍斃」，恐怕是這位讀者誇張。「蔣經國與章亞若」自報端刊登以來，各種各類的批評與品賞蜂擁而來倒是可喜可賀的事實；也是投身新聞工作將近十五年以來，首度真切體認到我們社會的開放與多元化的新趨向。

誠如聯合晚報的社論中所暗示，對於每一個十年前在新聞崗位上的新聞工作者而言，「蔣經國與章亞若」七個大字的公然出現在報紙上，在當時都是不可思議的神話，更別說連載他倆之間的那段愛情故事了。

我們的讀者，顯然也一天天地感受著這個事實的心理衝擊。那是「蔣經國與章亞若」在報上刊出的第二天清晨，我從睡夢中接到一位讀者氣急敗壞的電話。

他說，找不到「蔣經國與章亞若」了，是不是報社臨時禁止刊登這個故事？

另外一位中年女性，以禮貌又客氣的語調，在電話裡訴說她無法接受我筆下她心目中神一樣的經國先生竟然如此「人性化」的事實。

還有讀者擔心這種愛情故事會影響她與丈夫的感情。

最讓我心情複雜的，是一位讀者直截了當地在電話中問我，是否考慮到經國先生夫人方良女士的反應。

我將這個問題，拿去請教一位親近蔣家的人士。這位長者說，對孝嚴、孝慈，善良慈祥的方良極可能存有視如己出的關愛。

他的話，他解了我內心深處微妙的感受。

對「新聞自由」拍手喝采，又了解蔣章戀情禁忌歷史的一位長官，則給了我中肯又知音的鼓勵。他說，寫這篇報導既「勇敢」又「殘忍」。

大部分讀者都是善意地對連載中的文字與方向表示肯定，並對其中人地事物提供較精確的資料說明及採訪線索。很多素不相識的長輩詳細以文字提供他們對這個故事有關情節的補充。其中，最感到慚愧的是將近十位讀者主動對邱昌渭先生下落問題所做的指正。

邱昌渭是章亞若在桂林待產生子期間，受經國先生之託照料亞若母子的廣西省民政廳長。民國三十八年以後他舉家遷台並曾任光復大陸設計委員會祕書長至民國四十五年因病逝世。

然而，或許是「所問非人」。在我近一年的採訪中，竟未能確實查知邱先生的行蹤，而在撰寫他的生平時做了與事實稍有出入的描述。

文字見報後，多位讀者迅速友善而誠懇地提出糾正。這個教訓，再度警惕我新聞採訪報導既艱難又必須時時謹慎小心的特殊工作性質。

關於章亞若的遭遇，以及她與蔣經國的交往，讀者中有人也有不同看法。而事實上，眾說紛紜，正是這個故事的特色。我的報導中所呈現的，是儘量搜集相關資料做參考，並與了解蔣章戀情者做第一手採訪。至於受訪者之間詞語的矛盾，甚至南轅北轍，因為時日久遠無法回頭檢驗之外，恐怕也因為受訪者立場與身分的不同而有相異的觀察。真確的實情，如今已隨著當事人的謝世而無法查證，身為新聞記者的我，更不能妄加判斷。我認為，與其做了不正確的結論，不如將各種說法呈現給讀者慢慢咀嚼。

比方，章亞若在贛州專員公署裡的工作職稱，受訪者就有多種記憶。有人說她是「祕書」，有人說她做助理祕書；還有人說她是書記，甚至職階更低的小職員。實情如何，莫衷一是。

章亞若陪同蔣專員下鄉巡視一事，據她當年青幹班同學蕭昌樂先生接受記者查證時指出，是確有其事，而且章亞若兼任「記者」，替當時贛州「正氣日報」撰寫專員巡視地方的報導也是事實。

可是，另一位自稱與經國先生親近的人士卻堅持蔣專員穿草鞋探視贛南民瘼，從無女性職員陪同的紀錄。

不管怎樣，「蔣經國與章亞若」刊登以來，出自四面八方讀者的熱烈迴響，真是一種新聞工作上難得的心得。

如果要說「成就感」，這個專題高過以往任何一次獨家專訪，或規模再大，再了不起的記者會的現場採訪。

一句閒聊，一個地址開始發展這個愛情故事時，確實未曾想到後來這一年的採訪與寫作過程，不僅曲折驚險，中間更是奇遇連連，就算是再不迷信，也無法不相信這裡面的機緣巧合。

構想撰寫章亞若生平，其實是受了探險般好奇心的驅使。那是民國七十七年底，因為奉報社指派赴大陸採訪我方學者出席北京國際科總年會後，對自大陸發掘報導題材深感興趣。碰巧這時香港一家日報刊登了一則不很醒目的有關章亞若桂林墓地的消息，一位朋友又及時提供的章女士生前好友桂輝家住上海的地址，開啟了我探究這位女士一生境遇的信心。

之後，與擔任外交部次長的章孝嚴先生晤談。他坦白承認與弟弟孝慈兩人對母親的身世幾乎毫無所知，只曉得有些親友身陷大陸，詳情不得而知。

那時，章孝嚴兄弟也正面臨著應否為母親修葺墳地的考量。儘管他倆與經國先生的父子關係已是公開的事實，兩兄弟對父母的一切仍抱著「沈默是金」的哲學，不願多言。

在一次又一次的懇談下，終於獲得兩兄弟的諒解，同意對我有關他們父母的採訪報導，採取中立、不干預的態度。

就這樣，從那個上海的住址開始，以桂輝為起點，一個又一個地尋訪著相關人物，歷經將近半年時間，跑遍北京、上海、桂林、南昌、贛州、西安、貴陽、長沙、溪口昆明等大小城市，將章亞若的身世與生平串連成了完整的故事，也在冥冥當中，與這位章女士結成了超越時空的忘年之交。

第一次對章女士「動感情」，是從她桂林鳳凰嶺下的墳地返回市區旅館的那天晚上。當時是初春，墳地上樹木枯黃，加上磚石剝落，景象一片淒涼。我由桂林一位間接友人陪同在墓地前面佇立良久後離去。

到了午後，臨時下榻的旅館小小房間裡，四處遊蕩著一位中長髮女士的身影，朦朧中，我的心底更泛升著奇異的感覺。

第二天清晨，委託一位當地人士購買香紙後，再度驅車去到鳳凰嶺下。在那座孤墳前敬禮祭拜，才心境安然地離去。

這以後兩次專為探查章亞若身世的大陸旅遊採訪，大都在莫名其妙的巧合與幸運中達成任務。尤其是去（七十八）年七月近四十天的南昌、貴陽等地巡迴旅行，物質與精神生活雖然極度匱乏，但採訪工作之順利進展已達奇蹟的地步。直到同行的芳枝忍不住提醒似有「高人」從旁協助時，才恍然大悟，對首度赴桂林那晚的經驗更加念念難忘。

返台後，向朋友述說行程種種，有相信命理的，認定這個罕見的真實故事的寫者與被寫者之間存著無名的「緣分」。更有人言之鑿鑿說，真相大白的時機已到，故事的順利展佈恐怕是當事人在天之靈的指引。

無論怎麼看，採訪過程中的巧遇桂昌宗與順利訪晤關鍵人物唐遠波，似乎確實不是簡單的「運氣」兩字所足以形容。

桂昌宗是章亞若去世前守在她病床身邊的唯一一位友人。在一連數次與他的妹妹桂輝訪談後，終於以信任，換得了桂女士提供的桂昌宗住所的詳細資料。

那是距離南昌市車程一個半小時左右的江西進賢縣鄉下桂家村一帶。那天清晨自南昌登車趕路抵達桂家村後，昌宗老先生的一位晚輩指出叔叔正在還要趕車一個鐘頭的撫州修訂宗譜。

「既來之，則尋之」，我與芳枝決定不找到桂老先生誓不罷休。桂家晚輩大概是感動於我倆的決心，主動提議帶路，要指引我們乘車掙扎經過崎嶇不平的泥土黃路小道，去找他的老叔叔。

不過，晚輩有些不太樂觀。他說，前些天接到叔叔來函，說是就要在那幾天返家，只怕他正巧這天早上啟程與我們失之交臂。

「失之交臂」代表著時間、體力與金錢。我憂心著，正暗暗祈禱上蒼保佑時，只聽小汽車前座上的這位晚輩一陣尖叫，舉起右手不可置信地嚷著說：「他來了，來了，人就在前面！」

這真是世界上最快樂的時刻，那位桂昌宗先生就在我們所乘汽車自鄉間小道轉入幹道前，在馬路邊的車站下車，走到了我們的眼前。

事後估算，只要兩到三分鐘的偏差，我們就將與桂老先生失之交「車」，難以在交通困難，人地不熟的江西鄉下展開深入又獨家的採訪。

採訪唐遠波也是奇事。這位章亞若第一次婚姻中長子的存在，在頭兩次與章家親屬訪談時，都在他們刻意隱瞞下未見蹤影。或許是接觸多了，也或許是探求事實的工作態度，換來了對方的信任，就在結束預定的大陸訪問前兩天，得到了唐先生家住長沙的資料。

於是一夜火車硬鋪、一生難忘的趕路，在一個黎明清晨由南昌抵達長沙。

過了中午，唐家近在眼前，誠心接待的唐遠波說，他也是才坐了一夜夜車剛回長沙的。原來，唐遠波與同事赴外地出差，辦完公事後，別人逗留著多遊玩一天，而他卻莫名其妙地決定單獨一人趕回家中。唐家人都說，要不是唐遠波臨時改變行程，我們的長沙之行可能就要添加困擾了。

唐遠波與桂昌宗之外，在台灣的新竹採訪章家傳令兵王連玉，也是憑著「仁愛街」這個模糊不清的住址，在街上巧遇熟識王連玉的朋友如願完成的。

這種種巧合，以及大陸章家親人自敵意、排斥到最後友善接待，都是「蔣經國與章亞若」的故事如今撰成文字的主要原因。而在台灣記者遭中共公安局逮捕的緊張時期赴大陸進行巡迴採訪，恐怕還得憑新聞工作的傻氣與衝勁，才能達成任務。

那時，黃德北被捕事件餘波盪漾，台灣記者行動受威脅之聲不絕於耳，同行的芳枝還是抗了母命才上路的。

進得大陸後，為便利工作進展，我倆隱名埋姓，對外並未公開記者身分。一路上拍照攝影還算順利，直到進入贛州，才心驚膽跳，過了一個嚇破心臟的夜晚。

那是為了拍攝經國先生的故居與辦公舊址，帶路的對台辦事處人士言明不可錄影，但為存證，我們背著對台辦，獨自在那天下午做了錄影帶。

當天晚上，我與拍照的芳枝言明如以往般，在「賓館」裡絕不提及報社與新聞等字眼，以免遭竊聽惹禍上身。就寢前，還與陪同我們前去贛州的章亞若侄兒修純大哥約定第二天清早五點半起床，六點登車北返南昌。

整理好行囊後，匆匆入睡。贛州的陌生環境影響不了我們極為渴望的睡眠。

誰知道，沈睡中，突然一陣緊促的門鈴聲大作，我張開雙眼，鄰床的芳枝也嚇醒了！深呼吸一口氣，心中暗忖不妙，公安人員查房、抓人的景象衝上腦際，我不語著。芳枝躡手躡腳也起身，將白天禁令下拍攝的錄影卡帶塞到了床墊下。

我想笑，但又笑不出來。心中想，公安人員若真要查，藏到天涯海角也沒有用的。霎時間，腦中血壓升高，我已經在設想被「逼供」及如何「招供」的情景了。

沈寂大約半小時後，門外毫無反應。或許是一場誤會！我倆在默契下雙雙設法再度入睡。

沒多久，鈴聲又叮噹響起，我的心臟跳動如打鼓。大概是不妙了。下床試圖自門底下往外看，不得要領。我開始想像父親、朋友，以及芳枝家人慘然哭泣的神情。

怎麼辦呢？求救吧！可是隔壁章大哥房裡突然燈光一閃一暗。完了，完了！我認定這是暗號，相信已是羊入虎口，大勢不妙！

芳枝仍不講話；我也沈靜著。桌上手錶指著三點半，黎明之遙遠，也是這個時刻才深切感受到的。

好不容易熬到五點半，在曙光下打開房門前，我與芳枝表現了視死如歸的勇氣。

然而，門外一片寧靜，既無衝鋒槍，也不見人民解放軍。納悶著，章大哥自隔鄰走出，芳枝問他昨夜是否查覺異樣，我們的門鈴兩度價響十分奇怪。

「門鈴？是啊，我按了兩次門鈴！」

緊張大師般的修純先生，半夜竟然看錯了錶，凌晨三點半當做六點半，惟恐錯過行程，兩度按鈴提醒我們這兩位鄰居。

而燈光一閃一暗，是與他同房的司機先生睡不著覺，無聊萬般下的遊戲！

這真相大白，真是令人啼笑皆非。接下來十幾個小時採訪萬安等地的辛苦山路行，也在這個午夜恐怖故事的回味中，化做了一陣陣的笑聲。

以後的大陸採訪，在有過贛州那晚的經驗後，變得神勇又安心了。

這些巧遇，驚嚇與曲折的插曲，形成了「蔣經國與章亞若」製作過程中難能可貴的回憶。如今出書在即，這樣一本報導格式為主的書籍，除了蘊涵採訪過程的點點滴滴之外，更代表了一個新聞記者身處兩種截然不同工作環境的感慨。

若干年前，我也曾經是被叮嚀不可貿然將「章亞若」三個字公開報導在報端的記者之一；今天，面對這樣一個由一字一句串成的故事，「新聞自由」可能不足以形容其間重大差距的意義。

「天下沒有不可自塵埃滿佈的屋角桌底，搬在大眾眼前的新聞報導。」這句話，是我答復一位長輩詢問為何構思此一題材問題時的回復。現在，將這句話送給每一位醉心新聞事業的同好。

對於鼓勵及支持我進行這項採訪報導的聯合報總編輯黃年，與採訪主任黃寬兩位先生更要致上誠摯的謝意。

最後，還要感謝出資購買「蔣經國與章亞若」這本書籍的朋友。您們的行動，除了代表對本書的肯定外，讀者們慷慨解囊購置本書所集結而成的版稅收入，都將歸總成為以經國先生與亞若女士名義所做的慈善捐贈，相信這也符合慈悲為懷的他們兩位的遺願。

附錄一：章亞若年表

時間	年齡	事件	地點
民國二年春		出世	江西省南昌市
民國五～六年	4歲左右	從父親章貢濤學習賦詩吟詞；首度七步之內做詩一首。	江西省南昌市
民國八～九年	6～7歲	進入小學就讀。	南昌市右營小學
民國十四年	12歲	升入初中；喜好歌唱女紅．烹飪。	南昌市葆靈女中，後改名南昌女中
民國十六年	15歲	初中畢業。	〃
民國十六～十七年	15、16歲	奉父母之命與遠房表哥唐英剛結婚	南昌市
民國十七～二十四年	16～23歲	產下長子唐遠波、生次子唐遠輝至南昌高等法院做事任文書工作。	南昌市
民國二十四年	22～23歲	唐英剛去世，孀居。	南昌市
民國二十四～二十七年	23～26歲	繼續在南昌高等法院任職。回娘家居住。	南昌市

民國二十七年	26歲	與母親弟妹避日軍南遷至贛州市東廟、沙石鋪等地。	居贛州市西門外
民國二十八年	27歲	入贛南專員公署任圖書館資料整理工作	贛州市
		並自願加入救護隊，爲遭日機轟炸受傷民衆義務服務。	贛州市
民國二十八～二十九年	27～28歲	入赤珠嶺三民主義青年團幹部訓練班第一期受訓，半年結業。	贛州市郊赤珠嶺
民國二十九～三十年	28～29歲	幹訓班結訓，返回專員公署任專員蔣經國之秘書，經常爲蔣做會議紀錄，陪同會見民衆，與出差巡視地方政情民風與蔣經國相戀。	贛州市
民國三十年	29歲	發現懷有蔣經國嬰兒。決定赴桂林待產，行前蔣經國以晚宴爲其在贛州送行。	贛州市
民國三十年	29歲	抵達廣西桂林，住大華飯店一個月後，遷入麗獅路租賃之屋，好友桂輝同行，陪同待產。	桂林市
民國三十一年一月二十七日	30歲	在省立桂林醫院產下雙胞胎男兒。	桂林市

民國三十一年	30歲	四妹章亞梅抵桂林協助照料。自醫院出院返麗獅路，蔣經國在家中等待，當即爲雙生兒取乳名大毛、小毛。（亦有以居住地名麗兒、獅兒之說）	桂林市
民國三十一年二～四月	30歲	蔣經國探晤母子，告知正式爲雙胞胎取名蔣孝嚴（大毛）、孝慈（小毛）。	桂林市
民國三十一年四月至八月	30歲	專注照料嬰兒。蔣經國每隔二、三週來桂林探視。聘教師學英語，偶爾至陽朔出遊。	桂林市
民國三十一年	30歲	某日出外赴晚宴，夜半返家不適，翌日送省立桂林醫院治療，注射一針劑後於午前猝逝。醫生發出病危通知爲血中毒。親人懷疑遭人謀害。原因不明。蔣經國致函表「悲哉！痛哉！」派人人代辦喪事。	桂林市

民國三十一年夏	30歲	下葬桂林市郊馬鞍山區麓鳳凰嶺下。	桂林市
民國三十一年九月～七十三年十一月	30歲(歿)	兩位長子唐遠波，唐遠輝由祖母撫養，留居大陸，唐遠輝於一九八二年去世；留有二女一男；遠波現居長沙，育有二子。祖母一九七六年去世。雙胞胎男兒孝嚴、孝慈由外婆養育，並於五、六歲入托兒所時更姓氏爲章。一九四九年來台居新竹，章孝嚴現有二女一子；孝慈一子一女，外婆於民國五十年去世。大陸局勢變化，墓地遭草木埋沒，多年無人得以照管。	大陸與台灣
民國七十三年十一月		章家大陸親友託「政府」代爲尋墓，確定鳳凰嶺下土堆爲原墓地	桂林
民國七十五年五月		桂林市府統戰部撥款三〇〇〇元人民幣修整墳地。	桂林

民國七十六年至七十七年　大陸親友將墓地尋回資料轉交亞若在台之子孝嚴、孝慈。　南昌、貴陽—台北

民國七十八年二月　孝嚴、孝慈決定委託友人赴桂林安排整修母墳。

民國七十八年十一月初　墓地重修工程展開。

附錄三：蔣經國與章亞若

聯合晚報社論

這個是直到一年前經國先生逝世還是一個絕大的禁忌，今天卻在報端成了顯著的標題，聯合報以連載的方式開始刊登這個「婚外情」的詳細故事。

真的是時代在變、潮流在變、環境在變。

這是台灣民主發展、新聞言論自由的一個非常有浪漫蒂克意義的象徵，也是新聞記者在開拓新聞報導空間的一種動人的突破。

經國先生雖然生前貴為執政黨主席與國家元首，但是，他不是神，他是人。即令是基督，也有「最後誘惑」的電影，然則，經國先生的一段男女情，沒有什麼不可報導的，讓社會大眾真正瞭解這個神祕化的愛情故事，也許可以澄清許多無稽的傳說。也許可以還男女主角的真實。也許對於這樁故事可作適當的評鑑。

黨禁、報禁解除後，社會的價值觀念、權利意識都引起很大的變化，因而，發生了種種所謂「脫序」現象，甚至有人稱之為「亂象」；但是，很多人沒有能深一層的認識到，這些「現象」是長久受管制、受定於一、受壓抑的反彈；在某一種角度上看，可以說是社會權利關係回歸平衡的調整過程表現。蔣經國與章亞若故事的公開報導，如果說是禁忌的打破，那麼，這正表示過去的禁忌原就是應予打破的；也表示新聞言論自由的真正落實。這是可喜的，我們相信經國先生與章亞若女士地下有知，都會同意。

根究的說，這段愛情故事為什麼不能公開呢？這不是「誰怕誰」的問題，而是，發生了的，就是存在的；存在的，就應該有它的價值判斷。蔣經國與章亞若故事可以作為這種認知的典範。

聖經說，愛比大水大火還強。不管人們的看法如何，經國先生與章亞若女士故事的公開，總是有它應有的情，對於章孝嚴、章孝慈兄弟，也是數十年後應獲得的公平。

附錄四：蔣經國與章亞若

楊子

這是一樁充滿傳奇與神祕性的「婚外情」故事，也是混雜著禁忌、猜臆與評論的事件。更是，一種很難確立其價值判斷的問題。男主角的身分與其行為，在傳統的倫理與一般的道德標準之間，殊不易作是非題般的解答。

不過，無論如何，周玉蔻在本報發表的連載報導，單是「蔣經國與章亞若」這個標題，便是新聞言論自由對封建禁忌的可喜突破，也為這樁政治人物的「婚外情」，提供了公是公非的褒貶空間。

我個人認為，經國先生生前雖然貴為國家元首與執政黨主席，但是，他不是神，他是人，應該在一般人的基礎上來評看他的行為，尤其是男女之情的行為。如果一般人所發生的類似故事是不對的，他也是不對的；如果一般人不能避免發生類似的故事，即令是一種弱點，他也不過表現了一般人的弱點而已。除非你自認是聖賢，絕對的純潔、絕對的無罪，你怎能用石頭去丟擲那男女主角呢？縱使有這樣的人，在我看來，也可能是白癡、假道學者或性無能者。

不過，我必須坦率的指出，這種禁忌既然打破了，便必須有就情言情的判斷。經國先生立功、立德、立言，自有其歷史上的公論。但是，若與章亞若的婚外關係是「立情」，則我認為經國先生有大可議的辜負，雖然不一定是薄倖。

「婚外情」若是可認為對婚姻的不負責，那麼，對於婚外之情便不能再有辜負，否則，既無以對婚姻言忠，亦無以對婚外情言愛。聖經說，愛比大水大火還強，是因為愛有所執著，有所奉獻，有所犧牲，才能孕育其強，表現其強。

「婚外情」原是甘冒世俗批評的行為，除非自己承認有罪，便應有挺身辯護的勇氣。愛情之理可能被人認為歪理，但歪理也應該承擔，為自己也為所愛的人承擔。在愛情的法庭裡，如果不幸成為被告，便應該有出席辯論庭大聲喊無罪、或喊冤枉的勇氣。

經國先生的身分、地位、職責，可能使他無法扮演一個愛情的常人或勇者；但是，為什麼不偷偷的去愛著章亞若呢？為什麼不走「地下愛情」的道路呢？如果經國先生不放棄、不辜負，我相信至少他可以與章亞若偷偷的愛。只要此情不渝，縱使不能朝朝暮暮，也是天長地久。也是「立情」；可惜經國先生敢於開放黨禁，而怯於立情；使章亞若含恨九泉，而章孝嚴、章孝慈兄弟既不能歸宗，又多年不得為人子的公平待遇與天倫溫暖。

蔣經國與章亞若的婚外情，由周玉蔻的連載報導打破了禁忌，而大白於天下，這故事是很傳奇性的，可是，很可惜的，它並不美，因為它辜負了愛！

蔣經國與章亞若

定價：新臺幣180元

1990年元月初版
1990年三月二版
2022年10月二版十二刷
有著作權・翻印必究
Printed in Taiwan.

著　者　周玉蔻
攝　影　劉芳枝

副總編輯　陳逸華
總編輯　涂豐恩
總經理　陳芝宇
社　長　羅國俊
發行人　林載爵

出版者　聯經出版事業股份有限公司
地　址　新北市汐止區大同路一段369號1樓
叢書主編電話　(02)86925588轉5305
台北聯經書房　台北市新生南路三段94號
電　話　(02)23620308
台中辦事處　(04)22312023
台中電子信箱　e-mail:linking2@ms42.hinet.net
郵政劃撥帳戶第0100559-3號
郵撥電話　(02)23620308
印刷者　世和印製企業有限公司
總經銷　聯合發行股份有限公司
發行所　新北市新店區寶橋路235巷6弄6號2F
電　話　(02)29178022

行政院新聞局出版事業登記證局版臺業字第0130號

本書如有缺頁，破損，倒裝請寄回台北聯經書房更換。　ISBN 978-957-08-0983-1 (平裝)
聯經網址 http://www.linkingbooks.com.tw
電子信箱 e-mail:linking@udngroup.com

國家圖書館出版品預行編目資料

蔣經國與章亞若／周玉蔻著．二版．新北市．
聯經．1990年．280面．14.8×21公分．
ISBN 978-957-08-0983-1（平裝）
[2022年10月二版十二刷]

I．章亞若-傳記 II．蔣經國-傳記

782.886 82004469